Décodage conjoint source/canal des codes multiplexés

Najd Abdmouleh

Décodage conjoint source/canal des codes multiplexés

Application à la transmission d'images

Éditions universitaires européennes

Mentions légales / Imprint (applicable pour l'Allemagne seulement / only for Germany)
Information bibliographique publiée par la Deutsche Nationalbibliothek: La Deutsche Nationalbibliothek inscrit cette publication à la Deutsche Nationalbibliografie; des données bibliographiques détaillées sont disponibles sur internet à l'adresse http://dnb.d-nb.de.
Toutes marques et noms de produits mentionnés dans ce livre demeurent sous la protection des marques, des marques déposées et des brevets, et sont des marques ou des marques déposées de leurs détenteurs respectifs. L'utilisation des marques, noms de produits, noms communs, noms commerciaux, descriptions de produits, etc, même sans qu'ils soient mentionnés de façon particulière dans ce livre ne signifie en aucune façon que ces noms peuvent être utilisés sans restriction à l'égard de la législation pour la protection des marques et des marques déposées et pourraient donc être utilisés par quiconque.

Photo de la couverture: www.ingimage.com

Editeur: Éditions universitaires européennes est une marque déposée de
Südwestdeutscher Verlag für Hochschulschriften GmbH & Co. KG
Heinrich-Böcking-Str. 6-8, 66121 Sarrebruck, Allemagne
Téléphone +49 681 37 20 271-1, Fax +49 681 37 20 271-0
Email: info@editions-ue.com

Produit en Allemagne:
Schaltungsdienst Lange o.H.G., Berlin
Books on Demand GmbH, Norderstedt
Reha GmbH, Saarbrücken
Amazon Distribution GmbH, Leipzig
ISBN: 978-3-8381-8232-2

Imprint (only for USA, GB)
Bibliographic information published by the Deutsche Nationalbibliothek: The Deutsche Nationalbibliothek lists this publication in the Deutsche Nationalbibliografie; detailed bibliographic data are available in the Internet at http://dnb.d-nb.de.
Any brand names and product names mentioned in this book are subject to trademark, brand or patent protection and are trademarks or registered trademarks of their respective holders. The use of brand names, product names, common names, trade names, product descriptions etc. even without a particular marking in this works is in no way to be construed to mean that such names may be regarded as unrestricted in respect of trademark and brand protection legislation and could thus be used by anyone.

Cover image: www.ingimage.com

Publisher: Éditions universitaires européennes is an imprint of the publishing house
Südwestdeutscher Verlag für Hochschulschriften GmbH & Co. KG
Heinrich-Böcking-Str. 6-8, 66121 Saarbrücken, Germany
Phone +49 681 37 20 271-1, Fax +49 681 37 20 271-0
Email: info@editions-ue.com

Printed in the U.S.A.
Printed in the U.K. by (see last page)
ISBN: 978-3-8381-8232-2

Table des matières

Table des matières   i

Table des figures   iii

Liste des Tableaux   iv

Introduction Générale   1

1 Principes généraux de communications numériques   3
- 1.1 Introduction 3
- 1.2 Principe d'une chaîne de transmission numérique 3
  - 1.2.1 Codage de source 4
  - 1.2.2 Codage de canal 4
  - 1.2.3 Canal de transmission 4
  - 1.2.4 Capacité de canal et modèles de canaux 4
- 1.3 Quelques résultats de la théorie d'information 6
  - 1.3.1 Quantité d'information, entropie et information mutuelle 6
  - 1.3.2 Source d'information 7
  - 1.3.3 Théorème de codage canal 7
  - 1.3.4 Théorème de séparation 8
- 1.4 Méthodes de compression des données 8
  - 1.4.1 Codage sans pertes 8
  - 1.4.2 Codage avec pertes 9
  - 1.4.3 Critères de mesure de la qualité des images codées avec pertes 9
- 1.5 Les codes convolutifs et les turbo codes convolutifs 10
  - 1.5.1 Les codes convolutifs 10
  - 1.5.2 Les turbo codes convolutifs 12
- 1.6 Conclusion 14

2 Les Codes Multiplexés   15
- 2.1 Introduction 15
- 2.2 Problématique et notations 15
- 2.3 Principe et définitions 16
- 2.4 Premier algorithme de codage 16

    2.4.1   Conversion du flux binaire basse priorité   16

    2.4.2   Procédure de codage   17

    2.4.3   Illustration   17

2.5 Deuxième algorithme de codage   18

    2.5.1   Contrainte de choix de la partition C   18

    2.5.2   Conversion du flux binaire basse priorité   20

    2.5.3   Ensemble Optimal des transformations   20

    2.5.4   Procédure de codage   20

    2.5.5   Illustration   21

2.6 Evaluation des performances des codes multiplexés   23

2.7 Conclusion   24

3   Décodage Conjoint Source Canal des Codes Multiplexés   **25**

3.1 Introduction   25

3.2 Algorithme de Baum-Welch, algorithme BCJR   25

    3.2.1   Principe   25

    3.2.2   Les étapes de l'algorithme   26

3.3 Application du décodage conjoint source-canal aux codes multiplexés   28

    3.3.1   Présentation de la chaîne de transmission simulée   28

    3.3.2   Paramètres de simulation sur un canal binaire symétrique   29

    3.3.3   Evaluation des performances de l'algorithme BCJR   30

    3.3.4   Evaluation des performances de l'algorithme de Baum-Welch   31

3.4 Décodage conjoint source-canal en présence de codage de canal   31

    3.4.1   Présentation de la chaîne de référence   31

    3.4.2   Schéma de décodage conjoint source-canal   32

    3.4.3   Evaluation des performances sur un canal gaussien   33

3.5 Conclusion   34

4   Application à un système de transmission d'images   **35**

4.1 Introduction   35

4.2 Principe d'ondelettes et analyse multirésolution   35

4.3 Application des codes multiplexés à la compression d'images   37

    4.3.1   Présentation de la chaîne de compression d'images   37

    4.3.2   Résultats de simulation sur un canal binaire symétrique   38

4.4 Application du décodage conjoint au système de compression d'images   40

    4.4.1   Chaîne de transmission d'images simulée   40

    4.4.2   Résultats de simulation sur un canal binaire symétrique   40

4.5 Conclusion   41

Conclusion Générale   **42**

Table des figures

1.1 Synoptique d'une chaîne de transmission numérique 3

1.2 Modèle d'un canal binaire symétrique 5

1.3 Principe d'un codeur convolutif 10

1.4 Principe d'un turbo décodeur 13

2.1 Chaîne simulée pour l'évaluation des performances des codes multiplexés 23

2.2 Chaîne de référence utilisant un FLC ou un code de Huffman 23

2.3 Comparaison des performances des codes FLC, VLC et Multiplexés 24

3.1 Chaîne de transmission avec décodage conjoint source-canal 29

3.2 Evaluation des performances de l'algorithme BCJR 30

3.3 Evaluation des performances de l'algorithme de Baum-Welch 31

3.4 Chaîne de référence avec codage de canal 32

3.5 Chaîne de décodage Conjoint source-canal 32

3.6 Performances du DCSC en présence de codage de canal 34

4.1 Algorithme d'analyse ou de décomposition 36

4.2 Algorithme de synthèse ou de reconstitution 36

4.3 Image Lenna originale 37

4.4 Chaîne utilisée pour la transmission d'images 37

4.5 PSNR et qualité visuelle de l'image décodée correspondant à un codage FLC (images en haut), Huffman (images au milieu) et Multiplexé (images en bas) 38

4.6 PSNR de la BBF de l'image Lenna transmise sur un CBS 39

4.7 Système de transmission d'images avec Décodage Conjoint source-canal 40

4.8 PSNR de la BBF avec et sans Décodage Conjoint 40

4.9 Image Lenna avec et sans Décodage Conjoint à $P_e = 10^{-3}$ 41

Liste des tableaux

1.1   Exemple de codage de Huffman 9

2.1   Exemple de code multiplexé 18

2.2   Application du premier algorithme de codage 18

2.3   Calcul du nombre de variables f_j-aires 21

2.4   Transformations utilisées pour $f_\nu = 5$ 22

2.5   Transformations nécessaires pour la conversion du flux binaire 22

2.6   Construction de la séquence de mots de code 22

4.1   PSNR de la BBF obtenu avec codage FLC, Huffman et Multiplexé 39

4.2   PSNR de la BBF Avec et Sans Décodage Conjoint 41

Dedicaces

Ce Travail est Dédié...

À mes parents **Ridha** & **Nabiha**,

Aucune dédicace ne peut exprimer ce que je leur dois,

Pour leur soutien, leurs sacrifices démesurés et leur amour intarissable.

À mes aimables soeurs **Nadia** & **Nahla**,

Pour leur dévouement, leur affection et L'amour qu'elles me portent.

À ma grand-mère pour ses prières et à ma chère Tante pour son encouragement.

À mes adorables anges, **Alâa** & **Yassmine**.

NajD Abdmouleh...

Remerciement

Je porte, tout d'abord, toute ma gratitude à mon encadreur Mme Sonia Zaibi Ammar,
Maître assistante à l'école nationale d'ingénieurs de Tunis (ENIT),
pour sa disponibilité, ses conseils avisés et son encouragement
tout au long de ce travail.

Je tiens à remercier aussi les membres du laboratoire Systèmes de Communications (6'Com)
au sein duquel j'ai réalisé mon travail. Un grand merci en particulier à
Haifa Belhadj et Amine Zribi.

Enfin, merci à tous ceux qui ont contribué de près ou de loin à l'élaboration de ce travail.

Introduction Générale

La majorité des systèmes de compression de données font appel aux codes à longueur variable (VLC), appelés aussi codes statistiques, qui permettent d'obtenir des débits approchant l'entropie de la source. Les codes les plus utilisés, dans les systèmes existants, sont les codes de Huffman et les codes arithmétiques en raison de leurs performances en terme de compression. Néanmoins ces codes sont très sensibles au bruit de transmission et chaque erreur dans le train binaire peut se propager sur toute la suite des informations décodées, ce qui engendre une perte de synchronisation lors du processus de décodage.

Nous nous intéressons, dans ce livre, à une nouvelle famille de codeurs entropiques performants en terme de compression, tout en étant robustes aux erreurs de transmission. Ces codes, qualifiés de *codes multiplexés*, permettent de contourner le problème de désynchronisation des codes à longueur variable tout en permettant de se rapprocher de l'entropie de la source de données. Ils utilisent une technique de protection inégale aux erreurs du fait que les systèmes de compression réels génèrent des sources d'information avec des niveaux de priorité différents. Par exemple, l'information de mouvement est plus importante que celle de texture en vidéo. L'idée consiste à créer des codes à longueur fixe pour coder l'information de plus grande importance et d'utiliser la redondance inhérente aux codes pour décrire l'information de moindre importance, d'où le nom de codes «*multiplexés*».

Après avoir introduit, dans le premier chapitre, les concepts de base de la théorie d'information et les principes généraux des communications numériques, nous consacrerons le deuxième chapitre à l'étude des codes multiplexés. Pour cela, nous présenterons tout d'abord le principe de ces codes, ensuite les différents algorithmes de codage/décodage utilisés. Enfin, nous évaluerons les performances des codes multiplexés.

Pour améliorer la qualité de transmission et réduire l'effet des perturbations introduites par le canal, les travaux théoriques de Shannon[12], établis en 1948, suggèrent de concevoir indépendamment le codage de source et de canal et prédéfinissent une limite théorique pour laquelle on peut transmettre avec une probabilité d'erreur résiduelle arbitrairement petite. Cependant ces résultats ne sont vrais que sous des hypothèses asymptotiques de codage parfait, qui ne sont pas vérifiées dans la pratique. C'est dans ce contexte, que les techniques de *codage/décodage conjoint source-canal* ont été introduites pour concevoir et optimiser conjointement le codage de source et de canal en tenant compte des imperfections introduites par chacun.

L'application de ces techniques aux codes multiplexés fera l'objet du troisième chapitre. Pour cela, nous allons considérer une source gaussienne corrélée à l'entrée du codeur multiplexé et nous appliquerons un *décodage conjoint source-canal* en réception. Deux cas seront considérés : dans le premier, les statistiques de la source seront supposées connues et l'algorithme BCJR sera utilisé, le deuxième fera appel à l'algorithme de Baum-Welch puisque les probabilités de transition de la source seront estimées par le décodeur. Une évaluation des performances du décodage *itératif* conjoint source-canal d'un code multiplexé concaténé en série avec un code convolutif sera abordée vers la fin de ce chapitre.

Le quatrième chapitre sera consacré à l'application des codes multiplexés à un système de compression de données réel. Nous considérons, pour cela, une chaîne de transmission d'images fixes auxquelles nous appliquerons un décodage conjoint source-canal à l'aide de l'algorithme BCJR.

Enfin, nous terminerons par une conclusion récapitulant l'ensemble des résultats obtenus et les perspectives envisageables.

Chapitre 1

Principes généraux de communications numériques

1.1 Introduction

Nous aborderons dans ce premier chapitre les concepts de base d'une chaîne de transmission numérique. Nous introduirons, après avoir présenté les différents éléments constitutifs de la chaîne, quelques notions de la théorie d'information ainsi que les théorèmes fondamentaux de Shannon relatifs au codage de source et de canal. Et pour finir, nous présenterons quelques méthodes de compression des données.

1.2 Principe d'une chaîne de transmission numérique

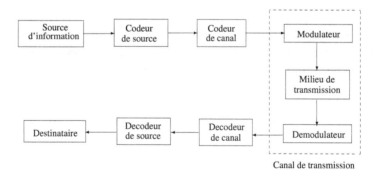

FIGURE 1.1 – Synoptique d'une chaîne de transmission numérique

Le schéma de base d'une chaîne de transmission numérique est représenté par la figure 1.1, dont on peut distingue les différents fonctions permettant d'acheminer le message émis depuis la source d'information jusqu'au destinataire. Dans ce qui suit nous allons décrire brièvement les différents fonctions qui interviennent dans une chaîne de transmission numérique.

3

1.2.1 Codage de source

Le codage de source vise à substituer le message émis par la source, par un message aussi court que possible comportant la même quantité d'information utile. Cet objectif de compression maximale peut être atteint en supprimant toute la redondance contenue dans le message initial. On limite ainsi les resources nécessaires à sa transmission(temps, puissance, bande passante,...).

1.2.2 Codage de canal

Le codage de canal vise à protéger le message contre les perturbations du canal. Cette protection est réalisée en introduisant de la redondance suivant une loi de codage fixé *apriori*. Les symboles délivrés par le codeur canal seront alors corrélés. Ainsi, sous certaines conditions, les erreurs de transmission vont modifier la loi de codage utilisée à l'émission. Ceci permettra de détecter, et dans certains cas, de corriger ces erreurs. on parle alors de Codage Correcteur d'Erreurs (CCE).

Remarquons que les objectifs du codage de source et du codage de canal se révèlent contradictoires : le codage de source vise à une concision maximale par la suppression de la redondance, ce qui entraîne un accroissement de la vulnérabilité aux erreurs, alors que le codage de canal protège contre les erreurs en introduisant de la redondance. Cette remarque suggère que ces deux fonctions ne doivent pas être considérées comme totalement indépendantes l'une de l'autre lors de la conception d'une chaîne de transmission. précisons que la nature de la redondance supprimée par le codeur de source est différente de celle introduite par le codeur de canal. Le message à l'entrée du codeur de source comporte une redondance aléatoire non connue du récepteur, alors que le codeur de canal insère une redondance déterminée par les équations du code considéré, connues du récepteur et exploitées par le décodeur de canal.

1.2.3 Canal de transmission

Nous considérons que le canal de transmission est constitué par l'ensemble modulateur/démodulateur et le milieu de transmission. Ce dernier désigne le support physique sur lequel se propagent les signaux délivrés par le modulateur. Il peut s'agir d'un câble, d'une fibre optique ou simplement de l'espace libre (communications radio mobiles). Le milieu de transmission est le siège de phénomènes de propagation et de perturbation d'origines diverses (imperfection des équipements, présence de brouilleurs, affaiblissement,...). ces derniers provoquent une dégradation du signal émis qui se traduit par l'apparition des erreurs de transmission qui peuvent être très gênantes pour la restitution fidèle de l'information au destinataire.

Le Taux d'Erreur Binaire (TEB) est définit comme le nombre de bits erronés sur le nombre total de bits émis. Il constitue une estimation de le probabilité d'erreur binaire et représente une contrainte du cahier des charges dans l'élaboration d'un système.

1.2.4 Capacité de canal et modèles de canaux

Capacité de canal

La capacité C d'un canal de transmission est la quantité d'information maximale que l'on peut transmettre de manière fiable sur le canal. Elle est définit par :

$$C = \max_{\mathbf{px}} I(X;Y) \tag{1.1}$$

$I(X;Y)$ est fonction de la distribution de probabilité de la variable d'entrée X.

Canal Binaire Symétrique

Le canal binaire symétrique, modélisé par la figure 1.2, est un canal discret sans mémoire dont les alphabets d'entrées et de sorties sont finis et égaux à (0 ou 1). Un unique paramètre p (*crossover* probability) permet de caractériser parfaitement le canal. Ce paramètre correspond à la probabilité que le symbole reçu Y ne soit pas correct.

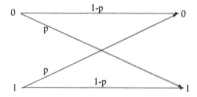

FIGURE 1.2 – Modèle d'un canal binaire symétrique

Ainsi, ce canal peut se modéliser par la matrice de transition de probabilité suivante :

$$P(Y = y | X = x) = \begin{pmatrix} 1 - p & p \\ p & 1 - p \end{pmatrix} \tag{1.2}$$

dont en déduit la capacité :

$$C = 1 - H(p) \tag{1.3}$$

Canal Gaussien

Le canal de Gauss est le canal sans mémoire, le plus utilisé pour la simulation des transmissions numériques. Il est caractérisé par un bruit blanc additif gaussien. L'entrée de ce canal est une variable aléatoire discrète à valeurs dans un alphabet fini, alors que la sortie est modélisée par une variable aléatoire continue à valeurs dans $\mathbb{R}$.

La sortie du canal gaussien est décrite par l'échantillon reçu $Y = X + b$ où b est un bruit réel additif gaussien de variance σ^2 et X est la variable d'entrée du canal. La densité de probabilité $P(y|x)$ de la sortie y du canal pour une entrée x est donnée par :

$$P(y|x) = \frac{1}{\sigma\sqrt{2\pi}} \exp(-\frac{\|x - y\|^2}{2\sigma^2}) \tag{1.4}$$

Où $\|.\|$ désigne la norme Euclidienne.

La probabilité d'erreur sur le canal s'écrit, pour une modulation BPSK, en fonction de l'énergie moyenne reçue par élément binaire d'information émis :

$$p = \frac{1}{2} erfc \sqrt{\frac{E_b}{N_0}} \tag{1.5}$$

Où

- E_b : énergie moyenne reçue par élément binaire codé.
- N_0 : densité spectrale de puissance du bruit.

1.3 Quelques résultats de la théorie d'information

Ce paragraphe présente quelques éléments fondamentaux de la théorie de l'information et du codage. Nous nous limiterons dans cette présentation au cas discret. Nous considérons des sources discrètes à alphabet fini, et des canaux dont les alphabets d'entrée et de sortie sont finis.

1.3.1 Quantité d'information, entropie et information mutuelle

Considérons une variable aléatoire discrète X à valeurs dans espace d'épreuves à n éléments $\{x_1, x_2, \ldots, x_n\}$, avec une loi de probabilité $P(x_i)$ sur les différents éléments. La *quantité d'information* associé à la réalisation de l'événement $X = x_i$ est définie par :

$$h(x_i) = -\log[P(x_i)] \tag{1.6}$$

L'unité de mesure de h dépend de la base du logarithme utilisée. La plus usuelle est le *Shannon* (Sh) ou *bit informationnel*, correspondant à un logarithme de base 2.

L'*entropie* de la variable aléatoire X est une grandeur permettant de mesurer la quantité d'information moyenne associé à cette variable. elle es définit par :

$$H(X) = -\sum_{i=1}^{n} P(x_i)\log_2[P(x_i)] \tag{1.7}$$

L'*entropie* peut intuitivement se comprendre comme la quantité de hasard associé à la variable aléatoire considérée. Elle correspond également à un coût de codage moyen minimal pour représenter une suite de réalisations d'une variable aléatoire. Cette quantité est toujours positive et est nulle pour un événement certain.

Considérons deux variables aléatoires X et Y à valeurs dans deux espaces d'épreuves respectifs $\{x_1, x_2, \ldots, x_n\}$ et $\{y_1, y_2, \ldots, y_m\}$. On peut associer au couple d'événements $(X = x_i, Y = y_j)$, la quantité d'information conjointe :

$$h(x_i, y_j) = -\log_2[P(x_i, y_j)] \tag{1.8}$$

Où $P(x_i|y_j)$ est la probabilité conjointe des deux événements $X = x_i$ et $Y = y_j$. On définit également la quantité d'information associé à l'événement $X = x_i$ conditionnellement à la réalisation de l'événement $Y = y_j$:

$$h(x_i|y_j) = -\log_2[P(x_i|y_j)] \tag{1.9}$$

Où $P(x_i|y_j)$ est la probabilité conditionnelle de l'événement $X = x_i$ sachant l'événement $Y = y_j$.

La mesure de la quantité d'information, que la donnée de l'un des deux événements $X = x_i$ et $Y = y_j$, apporte l'un sur l'autre est donnée par :

$$\begin{aligned} i(x_i, y_j) &= -\log_2[P(x_i)/P(x_i|y_j)] \\ &= -\log_2[P(x_i)P(y_j)/P(x_i, y_j)] \end{aligned} \tag{1.10}$$

Cette quantité est appelé *information mutuelle* entre les événements $X = x_i$ et $Y = y_j$. L'information mutuelle peut également se voir comme l'impact de la connaissance de Y sur la réalisation moyenne associé à la variable aléatoire X. Bien entendu, si les événements X et Y sont indépendants, l'information mutuelle est nulle. A l'opposé, si X et Y sont le même événement, l'information mutuelle est égale à l'entropie de la source.

On définit l'information mutuelle moyenne entre X et Y par :

$$I(X;Y) = -\sum_{i=1}^{n} \sum_{j=1}^{m} P(x_i, y_j)\log_2[P(x_i)P(y_j)/P(x_i, y_j)] \tag{1.11}$$

On peut facilement montrer que :

$$I(X;Y) = H(X) - H(X|Y)$$
$$= H(Y) - H(Y|X)$$
(1.12)

1.3.2 Source d'information

On appelle source d'information tout système capable de sélectionner et d'émettre des symboles appartenant à un alphabet donné. Si l'alphabet de la source est fini on parle de source *discrète finie*. Dans le cas où les symboles sélectionnés (émis) sont indépendants les uns des autres, on parle de source *sans mémoire*. Cependant, peu de sources réelles vérifient cette condition d'indépendance statistique.

Source discrète sans mémoire

Soit une source discrète X dont l'alphabet comprend n symboles $\{x_1, x_2, \ldots, x_n\}$, indépendants les uns des autres. Notons p_i la probabilité d'émission du symbole x_i tel que $\sum_{i=1}^{n} p_i = 1$. L'entropie de la source X est donné par :

$$H(X) = -\sum_{i=1}^{n} p_i \log_2(p_i) \quad (Sh/symbole)$$
(1.13)

L'entropie $H(X)$ est maximale lorsque les symboles émis sont équiprobables :

$$H_{max}(p_1, p_2, \ldots, p_n) = H(\frac{1}{n}, \ldots, \frac{1}{n}) = \log_2(n)$$
(1.14)

Source de Markov

Ce modèle de source est plus réaliste puisqu'il tient compte de la dépendance entre un symbole émis et celui ou ceux qui l'ont immédiatement précédé. On parle d'une *source de Markov de 1er ordre*, si le symbole émis ne dépend que de celui l'a immédiatement précédé. En général, une *source de Markov d'ordre v* fait intervenir des dépendances avec les v symboles qui ont précédé le symbole émis.

L'entropie d'une source X de Markov d'ordre v est calculée à partir des probabilités conditionnelles associées aux symboles x_i. Si on considère la probabilité d'apparition du symbole x_i connaissant la séquence $S^{(v)}$ des v symboles qui l'ont précédé, l'entropie de la source X conditionnellement à la réalisation $S^{(v)} = s_j^{(v)}$ vaut :

$$H(X|s_j^{(v)}) = -\sum_{i=1}^{n} P(x_i|s_j^{(v)}) \log_2[P(x_i|s_j^{(v)})]$$
(1.15)

1.3.3 Théorème de codage canal

En 1948, Shannon [12] a montré que pour tout canal à entrée discrète sans mémoire, il est possible de transmettre un message numérique avec une probabilité d'entrée aussi faible que l'on veut, à condition que le débit de données D_s soit inférieur à la capacité C du canal.

Le débit D_s est défini comme le nombre moyen de symboles émis dans le canal par message de source. Donc, si un canal de transmission génère des erreurs de transmission, il est tout de même possible de trouver une manière de coder les messages émis en leur rajoutant suffisamment de redondance de sorte qu'on puisse retrouver le message émis sans erreur. En d'autres termes, on peut obtenir des transmissions aussi fiables que l'on veut, en utilisant des codes de taux plus petits que la capacité du canal. Cependant, Ce théorème n'indique pas le moyen de construire de tels codes, c'est pourquoi on a intérêt à construire des codes ayant un taux le plus élevé possible (pour des raisons de temps et de coût) tout en garantissant une fiabilité arbitrairement grande.

1.3.4 Théorème de séparation

Le théorème de séparation [12], appelé encore théorème du codage *source/canal*, établit que le débit *source/canal* global peut tendre vers une limite infranchissable avec un système où le codage de source et le codage de canal sont séparés, tout en garantissant une fiabilité de transmission presque parfaite. Ce théorème est bien réalisable théoriquement, mais en pratique, certaines contraintes sont à respecter. En effet, le théorème ne considère pas la faisabilité de ce type de *codeurs/décodeurs* et aucune contrainte n'est supposée sur les longueurs des codes utilisés qui peuvent donc croîtrent indéfiniment et engendrer un délai de transmission ainsi qu'une complexité inacceptables en pratique.

Pour ces raisons, de nombreux chercheurs ont orienté leurs travaux vers le codage conjoint source canal qui vise à optimiser conjointement le codage de source et le codage de canal afin d'optimiser les performances tout en garantissant une complexité réduite du système global.

1.4 Méthodes de compression des données

Les méthodes de compression des données [5] sont réparties, selon *le codage de source*, en deux classes principales :
– Les méthodes *réversibles* ou de *codage sans pertes*, qui permettent une restitution parfaite de l'information initiale au niveau du décodage.
– Les méthodes *irréversibles* ou de *codage avec pertes*, qui introduisent une distortion entre l'information initiale de la source et celle reconstituée par le décodeur.

1.4.1 Codage sans pertes

Nous considérons, dans la suite, le codage d'une source X générant des symboles appartenant à l'alphabet $\{x_1, x_2, \ldots, x_N\}$. L'alphabet de sortie du codeur est binaire $\{0, 1\}$.

Codage à longueur fixe : Les N symboles de l'alphabet de la source sont codés par des mots de longueur fixe. Cette longueur est supérieur ou égale à $\log_2(N)$. Ce codage ne peut être optimal que si les symboles de la source sont indépendants et équiprobables et que N est une puissance de 2.

Codage de Huffman : Le code de huffman est le code optimal pour la compression d'une source à l'aide de mots de codes de *longueurs entières*. Il associe à chaque symbole x_i un mot de code de longueur l_i^* vérifiant la propriété :

$$(l_1^*, \ldots, l_N^*) = \underset{(l_1, \ldots, l_N)}{\operatorname{argmin}} \left\{ \sum_{i=1}^{N} P(x_i) l_i \right\} \tag{1.16}$$

Une des propriétés de ce code est qu'il est irréductible : aucun mot de code n'est le préfixe d'un autre. L'algorithme de Huffman peut se résumer comme suit :

1. ordonner les symboles à coder du plus probable au moins probable :

   $P(x_1) \geq P(x_2) \geq \cdots \geq P(x_N)$.

2. Construire un arbre de codage en partant de la fin : Attribuer aux deux symboles de plus faibles probabilités x_N et x_{N-1} les symboles binaires de codage 0 et 1 respectivement.

3. Remplacer dans la liste des symboles les deux symboles x_N et x_{N-1} par un nouveau symbole conjoint $x_{(N-1)N}$ de probabilité cumulée $P(x_{(N-1)N}) = P(x_{N-1}) + P(x_N)$. Ce nouveau symbole représente alors un noeud de l'arbre de codage.

4. recommencer la même procédure en considérant à nouveau dans la nouvelle liste, les deux symboles de plus faibles probabilités. La même démarche est poursuivie jusqu'à ce que toutes les probabilités $P(x_i)$ aient été combinées, marquant la fin de l'arbre de codage. Les mots de code sont obtenus en parcourant l'arbre du sommet vers les racines.

Le tableau 1.1 représente le codage d'Huffman construit pour une source sans mémoire avec un alphabet de 8 symboles.

x_i	x_1	x_2	x_3	x_4	x_5	x_6	x_7	x_8
P(x_i)	0.4	0.2	0.15	0.1	0.1	0.02	0.02	0.01
Code	0	100	101	110	1110	11110	111110	111111

TABLE 1.1 – Exemple de codage de Huffman

Dans cet exemple, l'entropie de la source vaut 2.36 Sh/symbole, alors que la longueur moyenne des mots de code vaut 2.43 bits/symbole (3 bits/symbole pour un codage à longueur fixe). Ainsi, on remarque que le codage de Huffman permet de se rapprocher de l'entropie de la source mais ne permet pas, en général, de l'atteindre (sauf si les probabilités des symboles sont sous la forme P(x_i)=2^{-l_i}, $l_i \in \mathbb{N}$).

1.4.2 Codage avec pertes

Lorsque la capacité du canal est inférieure à l'entropie de la source, il est nécessaire d'effectuer une compression avec pertes pour vérifier les conditions du codage de canal. On parle de codage à réduction d'entropie, puisqu'une partie de l'information initiale n'est pas reconstituée par le décodeur, ce qui introduit une distortion. Les méthodes de compression de ce type sont basées sur le principe de représentation de l'alphabet de la source par un alphabet dit de reproduction, qui garantit que la distortion introduite ne dépasse pas un certain seuil.

1.4.3 Critères de mesure de la qualité des images codées avec pertes

Une image est un signal à deux dimensions représentant une scène à trois dimensions. Pour pouvoir stocker, traiter et transmettre les images il faut tout d'abord les numériser. La numérisation d'une image se décompose en deux étapes :

– Un échantillonnage permettant de transformer le signal continu en une suite d'échantillons, appelés pixels.

– Une quantification permettant de représenter les valeurs réelles des échantillons par des valeurs discrètes qui constituent l'alphabet de la source. Pour des images noir et blanc, les pixels sont généralement quantifiés sur 256 niveaux, dits niveaux de gris, chacun codé sur 8 bits.

Les images numérisées présentent un volume énorme de données binaires. Pour pouvoir les manipuler, il est nécessaire de les compresser en exploitant la corrélation existante entre les différents pixels. des méthodes de codage avec pertes peuvent être utilisées, permettant une réduction considérable du nombre de bits nécessaires au codage de l'image au prix d'une dégradation plus au moins importante de sa qualité.

Il est, en général, difficile de définir un critère de qualité objectif pour les images, dans la mesure où le seul outil capable de juger la qualité d'une image est l'oeil. Des mesures de qualité ont été toutefois reprises telles que l'Erreur

Quadratique Moyenne (EQM) et le rapport signal sur bruit PSNR (*Peak Signal Noise Ratio*), pour faciliter la comparaison des performances des différentes méthodes de traitement appliquées à des images identiques. L'EQM et le PSNR sont définis respectivement par :

$$EQM = \frac{1}{N} \sum_{i=1}^{N} (x_i - \hat{x}_i)^2 \tag{1.17}$$

$$PSNR = 10\log_{10}\left(\frac{G_{max}^2}{EQM}\right)(dB) \tag{1.18}$$

Où :

x_i : Les pixels d'indice i de l'image originale.

$\hat{x}_i$: Les pixels d'indice i de l'image reconstruite.

N : Le nombre total de pixels.

G_{max} : Le niveau de gris maximal.

1.5 Les codes convolutifs et les turbo codes convolutifs

En 1991, Claude Berrou et Alain Glavieux ont inventé les turbo codes [7] qui ont révolutionné le domaine des codes correcteurs d'erreurs. Ces codes se basent fondamentalement sur le principe de concatenation des codes et les algorithmes de décodage itératif qui consistent à itérer des "estimations souples" des quantités à décoder. Généralement, on associe deux codes convolutifs (récursifs systématiques de préférence) concatenés parallèlement via un entrelaceur.

1.5.1 Les codes convolutifs

Cette famille de codes est très répandu en raison de leur utilisation dans l'élaboration des turbo codes. La structure générale d'un codeur convolutif est représentée par la figure 1.3. A chaque instant un bloc de k symboles est fourni à l'entrée du codeur. Le codeur à une mémoire, qui mémorise les valeurs des $(m+1)$ blocs d'entrée précédents ($k.(m+1)$symboles). Le codeur fourni, à chaque instant,n symboles en sortie qui dépend non seulement des k éléments d'entrée mais aussi des m blocs précédents. k est appelé le *nombre de symboles d'information*, n est appelé le *nombre de symboles codés* et m est connu sous le nom de *longueur de contrainte* du code. la valeur $R = k/n$ est appelé le rendement du code. Le code convolutif correspondant est noté $C(n,k,m)$.

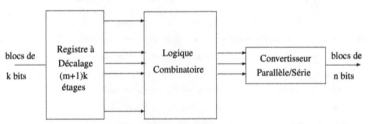

FIGURE 1.3 – Principe d'un codeur convolutif

Le codeur est constitué d'un registre à $(m+1)k$ étages qui mémorise les $(m+1)$ blocs de k éléments binaires d'information, d'une logique combinatoire qui calcule les blocs de n éléments binaires fourni par le codeur et d'un convertisseur parallèle série. la représentation des codes convolutifs est une description équivalente au système qui nous permet d'élaborer les algorithmes de décodage. En effet, il y a deux méthodes pour représenter les codes convolutifs soit mathématiquement soit graphiquement. La première utilise la propriété de linéarité des ces codes pour les représenter soit sous forme matricielle soit polynomiale. La deuxième est plus adapté aux algorithmes de décodage par rapport à la première représentation, qui devient rapidement énorme et complexe, et peut être soit en arbre, soit en treillis soit en diagramme d'états.

Différents types de codes convolutifs

Il existe trois types de codes convolutifs :

– Les codes convolutifs systématiques (CS) : Ce sont des codes où on retrouve explicitement les bits d'information à la sortie du codeur.

– Les codes convolutifs non systématiques (CNS) : à la sortie de ce type de codeur, le mot code obtenu est une combinaison des bits d'information convolués par la réponse impulsionnelle du codeur.

– Les codes convolutifs récursifs systématiques (CRS) : Ils sont construits à partir des codes CNS en conservants les mêmes vecteurs générateurs. Ils présentent un avantage par rapport aux codes CNS lorsque on envisage faire de la concatenation de codes (turbo codes).

Critères de décodage

Nous considérons un code binaire de longueur n, C l'ensemble des mots de codes $C = c_0, \ldots, c_i, \ldots, c_{n-1}$ et $r = [r_0, \ldots, r_i, \ldots, r_{n-1}]$ le vecteur d'observations à l'entrée du décodeur. Le mot décidé par ce dernier est noté $\hat{c}$. Selon la nature de l'observation r_i (binaire ou réelle) et selon la nature de l'interface reliant le démodulateur au décodeur de canal, on peut distinguer deux types de décodage.

- Le décodage à décisions fermes : On parle de décision ferme (hard decision) car, en réception, ont est face à une décision sur la valeur du symbole transmis. On parle plus généralement de démodulation hard lorsque le symbole décidé appartient à l'alphabet des symboles émis. Ainsi, le canal équivalent est à entrée et sortie discrète appartenant à l'alphabet des symboles.

Critère de maximum de vraisemblance a posteriori (MVP) : Selon ce critère, le décodeur cherche à maximiser la probabilité $P(c|r)$ sur l'ensemble des mots de code :

$$\hat{c} = argmax_{c \in C} P(c|r)$$

Ce critère permet de minimiser la probabilité d'erreur par mot après décodage. Dans le cas d'un canal binaire symétrique de probabilité d'erreur Pe, on a :

$$P(r|c) = P_e^{d_h(r,c)} (1 - P_e)^{n - d_h(r,c)} \tag{1.19}$$

La probabilité du symbole reçu connaissant le symbole émis est donc une fonction décroissante de la distance de Hamming $d_h(r, c)$. Par conséquent, le décodage ferme selon la critère de MVP revient à minimiser cette distance entre l'observation et le mot code.

Dans le cas d'un canal gaussien cette probabilité est donné par :

$$P(r|c) = (\frac{1}{2\Pi\sigma^2}) exp(-\frac{d_e(r,c)^2}{2\sigma^2}) \tag{1.20}$$

Où $d_e(r, c) = \sqrt{\sum_{i=0}^{n-1} (r_i - c_i)^2}$ est la distance euclidienne entre r et c.

- Le décodage à décisions souples (pondérées) : L'approche par décision souple (soft decision) consiste à fournir au décodeur une valeur réelle ou quantifié sur un nombre fini de niveaux tenant compte du niveau de bruit. Cette information permet d'améliorer les performances du décodeur de canal. Le message décodé est accompagné donc d'une information sur la fiabilité des symboles décodés.

Le démodulateur fournit au décodeur la probabilité *a posteriori* des symboles détectés ou leurs valeurs de confiance. Les performances du décodage à décisions souples dépassent largement celles du décodage à décisions fermes. L'absence de valeurs de confiance à l'entrée du décodeur génère une perte de 2 à 3 dB sur un canal gaussien.

- Critère de logarithme du rapport de vraisemblance : Pour appliquer ce critère, le décodage doit calculer pour chaque élément binaire codé c_i, le logarithme du rapport de vraisemblance (LRV), défini par :

$$\Gamma(c_i) = \ln\left(\frac{P(c_i = 1|r)}{P(c_i = 0|r)}\right) \tag{1.21}$$

Si $\Gamma(c_i) > 0$, le bit décidé est $\widehat{(c)}_i = 1$, sinon $\widehat{(c)}_i = 0$.

1.5.2   Les turbo codes convolutifs

L'idée est d'utiliser plusieurs séquences redondantes d'un même message, l'une étant calculée à partir du message original et l'autre à partir de sa version permutée.

La structure des turbo codes résulte de la composition de deux ou plusieurs codeurs. Ces codeurs peuvent être de type convolutif récursif systématique (RSC), convolutif classique (CS ou CNS) ou codes en blocs concaténés en parallèle ou en série. Il est possible de combiner ces deux modes de concaténation on parle alors de concaténation hybride. Quelque soit le mode de concaténation, les différents codeurs sont reliés entre eux via des entrelaceurs.

Le turbo décodage itératif : Le turbo décodeur [6] reçoit les observations en provenance du canal et estime le message émis en calculant les probabilités d'exactitude bit à bit. L'estimation du message issu du premier décodeur est utilisée comme information d'entrée pour le second décodeur, et l'estimation du message effectuée par le second décodeur est envoyé au premier (ou au suivant) et ainsi de suite. Le décodage s'arrête au bout d'un nombre fixe d'itérations. Notons que ces informations doivent être de nature extrinsèque pour que le système itératif fonctionne dans les conditions optimales.

Information intrinsèque et information extrinsèque : Dans un système de décodage à entrées et sorties pondérées SISO (Soft In Soft Out), les informations utilisées lors du décodage sont en général de nature pondérée. Une information intrinsèque (*a priori*) peut être exploitée afin de donner une idée *a priori* sur les bits d'information présents à l'entrée du décodeur.

En plus de l'information décodée, le décodeur à sortie pondérée délivre une information supplémentaire, obtenue à partir de tous les autres bits codés dans la séquence code. Cette information, dite information d'extrinsèque, peut être vue comme un terme de correction qui affirme l'information à l'entrée de façon à minimiser la probabilité d'erreur au décodage. L'information extrinsèque est très importante dans le décodage turbo car elle permet de faire circuler le terme de correction d'un décodeur à un autre.

Principe d'un turbo décodeur : Le décodeur SISO [6] reçoit les valeurs *a priori* pour tous les bits d'information, si elles existent, et les sorties pondérées du canal pour tous les bits codés, et délivre à sa sortie les valeurs soft pour tous les bits d'information et les valeurs extrinsèques qui seront éventuellement exploités. Le schéma d'un turbo décodeur standard est illustré par la figure 1.4.

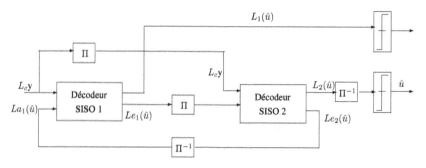

FIGURE 1.4 – Principe d'un turbo décodeur

- L_a : Valeur *a priori* de tous les bits d'information (nulle si non disponible).
- L_e : Valeur extrinsèque de tous les bits d'information.
- L : Valeur *a posteriori* de tous les bits d'information.
- $L_c y$: Sortie pondérée du canal pour tous les bits codés, avec $L_c = \frac{2}{\sigma^2}$ (appelée fiabilité du canal).
- Π : Entrelaceur.

Les deux décodeurs SISO de la figure 1.4 sont identiques. Chaque décodeur lit les sorties pondérées du canal pour tous les bits codés, l'entrelaceur permet seulement de permuter les observations des bits d'information du premier décodeur vers le deuxième dans le but de disperser les erreurs arrivées en rafale qui sont difficilement détectable par les décodeurs SISO.

L'information extrinsèque [4] calculée par le premier décodeur est entrelacé puis injectée comme information *a priori* à l'entrée du deuxième décodeur, après avoir acquis une information sur le bit qui va être décodé. Le deuxième décodeur va pouvoir corriger, à chaque itération, un certain nombre d'erreurs que le premier décodeur n'a pas parvenu à le faire. Les bits codés ne changent pas en fonction des itérations, seuls les informations extrinsèques et les probabilités *a priori* changent d'une itération à l'autre. Afin d'augmenter l'efficacité du premier décodeur, l'information extrinsèque du deuxième décodeur devient, à l'itération suivante, comme information *a priori* pour le premier décodeur. Les deux décodeurs vont fournir à leurs sorties des décisions pondérées par une mesure de fiabilité sous forme du logarithme du rapport de vraisemblance donnée par :

$$L(\hat{u_k}) = \ln\left(\frac{P(u_k = 1 | observation)}{P(u_k = 0 | observation)}\right) \qquad (1.22)$$

On a donc à la sortie de chaque décodeur les informations suivantes :

$$L_1^i(\hat{u}) = Le_1^i + L_c Y + La_1^i(\hat{u})$$

$$L_2^i(\hat{u}) = Le_2^i + L_c Y + La_2^i(\hat{u}) \qquad (1.23)$$

i est le nombre d'itération.

Le constituant crucial du turbo décodeur est le décodeur SISO. Plusieurs algorithmes peuvent être utilisés pour implementer le décodeur SISO. Ces algorithmes peuvent être subdivisés en deux groupes. Un groupe qui représente les algorithmes dérivant de l'algorithme de Viterbi (SOVA) et le deuxième groupe inclut les algorithmes basés sur l'algorithme de Maximum A Posteriori (MAP [4], LogMAP et MaxLogMAP).

1.6 Conclusion

Dans ce chapitre, nous avons décrit les éléments constitutifs d'une chaîne de transmission numérique ainsi que le principe de chaque élément. Nous avons également rappelé quelques concepts de la théorie d'information, des méthodes de codage de source et de compression de données et le principe des codes convolutifs ainsi que celui des turbo codes convolutifs.

Chapitre 2

Les Codes Multiplexés

2.1 Introduction

Le codage entropique représente un élément essentiel de la chaîne de compression de données. Contrairement aux codes à longueur fixe (Fixed Length Codes (FLC)) qui ne tiennent pas compte des statistiques de la source, les codes à longueur variable (Variable Length Codes (VLC)) sont conçus pour exploiter la redondance inhérente de la distribution des symboles pour associer les mots de codes de petite taille aux symboles les plus probables et ceux de grande taille aux symboles les moins probables. Ceci, permet de réduire le nombre de bits à émettre par rapport à un codage à longueur fixe.

L'inconvénient majeur de ce type de codes reste le problème de perte de synchronisation dès qu'une erreur affecte le flux binaire. En effet, cette erreur se répercute sur tout le reste du train binaire ce qui entraîne un mauvais décodage. Pour remédier à ce problème tout en gardant l'apport de ces codes en terme de compression, on a recouru à un nouveau type de codage appelé codage multiplexé [1]. Ce dernier repose sur la séparation des données en deux familles :

- Les données de haute priorité : qui constituent l'information importante de la source qu'on veut protéger le mieux possible des erreurs de transmission et du risque de désynchronisation.
- Les données de basse priorité : qui seront moins protégées contre les erreurs.

L'idée est donc d'appliquer un code à longueur fixe pour représenter simultanément la séquence de haute priorité et une partie des données de basse priorité, d'où l'appellation de codage multiplexé. Ceci permet de mieux protéger les données de haute priorité tout en compressant les données.

Les codes multiplexés sont des codes entropiques qui se proposent de supprimer la désynchronisation des codes à longueur variable de manière structurelle. Ils utilisent le fait que les systèmes de compression réels génèrent des sources d'information avec des niveaux de priorité différentes. Par exemple, l'information de mouvement est plus importante que celle de texture en video. La motivation sous-jacente est donc la même que celle des techniques de protection inégale aux erreurs. La différence principale avec ces techniques réside dans le fait qu'aucune redondance n'est introduite.

2.2 Problématique et notations

Soit $S_H = (S_1, \ldots, S_i, \ldots, S_{K_H})$ la séquence des symboles de la source de haute priorité de longueur K_H, qui prend ses valeurs dans un alphabet fini $A = (a_1, \ldots, a_i, \ldots, a_\Omega)$ de cardinal Ω et de densité de probabilité $\mu = (\mu_1, \mu_2, \ldots, \mu_\Omega)$.

Soit $S_B = (S'_1, \ldots, S'_i, \ldots, S'_{K_B})$ la séquence de la source de basse priorité qui prend ses valeurs dans un alphabet fini A'. Supposons que la suite de symboles de S_B a été pré encodée par un codeur entropique à longueur variable (Huffman ou Arithmétique) en un train binaire $b = (b_1, \ldots, b_i, \ldots, b_{K_B})$.

Comment coder conjointement les deux sources S_H et S_B tout en garantissant la désynchronisation de la source S_H et sans affecter l'efficacité de compression ?

2.3   Principe et définitions

La construction de ce type de code se base sur un code à longueur fixe redondant. L'ensemble des mots code est partitionné en autant de *classes d'équivalence* qu'il y a de symboles dans l'alphabet de la source discrète. Ainsi, à chaque mot de code de ce dictionnaire est associé un symbole de la source prioritaire et une valeur d'indice qui permet de stocker des informations de la source moins prioritaire. Cette dernière valeur d'indce peut être vue comme la réalisation d'une variable aléatoire dont la valuation est conditionnée par la réalisation de la source haute priorité.

Soit c le nombre de bits pour représenter un symbole de A. On note C l'ensemble de mots binaires de longueur c. Cet ensemble de $|\chi| = 2^c$ mots de code est partitionné en Ω sous ensemble C_i appelées classes d'équivalence. A chaque classe C_i est associée un symbole a_i de l'alphabet A. Pour qu'il soit au moins un mot de code par classe il faut que :

$$c \geq log_2(\Omega) \tag{2.1}$$

Chaque classe d'équivalence est un ensemble de $|C_i|$ mots de code. Ainsi, $|C_i|$ dénote la cardinalité de la classe d'équivalence C_i, d'où :

$$\sum_{i=1}^{\Omega} |C_i| = |\chi| \tag{2.2}$$

Soit q l'indice du mot de code dans la classe d'équivalence C_i tel que $0 \leq q \leq |C_i| - 1$. Par conséquent à chaque symbole de S_H, on peut associer une paire (C_i, q) ou i désigne l'indice de la classe d'équivalence associée à ce symbole et q l'indice du mot de code choisi dans cette classe. Ainsi, chaque mot de code $c_{i,q}$ représente d'une manière unique un symbole de S_H et une partie de b issue de S_B.

2.4   Premier algorithme de codage

2.4.1   Conversion du flux binaire basse priorité

Comme on a déjà mentionné, la séquence S_B est pré-encodée en un train binaire $b = (b_1, \ldots, b_i, \ldots, b_{K_B})$ par un code à longueur variable (le code de Huffman ou le code Arithmétique). Pour que ce flux puisse être multiplexé avec les symboles de S_H, il doit être représenté par une séquence de variables $|C_i| - aire$. On commence tout d'abord par transformer la séquence des symboles de S_H en une suite de variables $n = (n_1, \ldots, n_t, \ldots, n_{K_H})$, où n_t est le cardinal de la classe d'équivalence C_i associée au symbole $S_t = a_i$ de la source. La séquence n peut être vu comme une seule variable Λ tel que :

$$\Lambda = \prod_{t=1}^{k_H} n_t \tag{2.3}$$

La quantité Λ représente le nombre de séquences possibles de mots de code $c_{i,q}$ qui peuvent être utilisées pour coder la séquence S_H. Une de ces séquences sera utilisée pour coder simultanément et de manière unique S_H et une partie de S_B dont la longueur dépend de la capacité de multiplexage de la séquence S_H. Comme on dispose de Λ séquences possibles, le nombre maximal de bits de b pouvant être multiplexés est égal à :

$$K'_B = [log_2(\Lambda)]$$

Les derniers K'_B bits du train binaire b sont une représentation binaire d'un entier γ compris entre 0 et $2^{K'_B} - 1$, qui peut être exprimé comme suit :

$$\gamma = \sum_{r=1}^{K'_B} b_{(r+K_B-K'_B)}.2^{r-1} \tag{2.4}$$

La variable γ doit être décomposée en une séquence de paires $(n_t, q_t)_{1 \leq t \leq K_H}$ pour donner la séquence de mots de codes $\{c_{i,q}\}_{1 \leq t \leq K_H}$ correspondante. Il existe plusieurs méthodes de décomposition la variable γ en une séquence de paires (n_t, q_t) telle que la méthode de Décomposition Euclidienne Récursive.

Sachant la séquence n et la valeur de γ, le calcul des indices $(q_t)_{1 \leq t \leq K_H}$ se fait selon l'algorithme de décomposition Euclidienne de la variable γ :

$$\begin{cases} \gamma' = \gamma \\ \text{for } t = 1 \text{ to } k_H \text{ do} \\ q_t = \gamma' \text{ modulo } n_t \\ \gamma' = \frac{\gamma' - q_t}{n_t} \\ \text{end for} \end{cases}$$

2.4.2 Procédure de codage

1. $S_H = (S_1, \ldots, S_t, \ldots, S_{K_H}), S_t \in A.$

   $n_t = $ Cardinal(C_i), où C_i est la classe d'équivalence associée à la réalisation de S_t. On commence par transformer la séquence S_H en une suite $n = (n_1, \ldots, n_t, \ldots, n_{K_H})$.

2. Calculer $\Lambda = \prod_{t=1}^{k_H} n_t$ et par suite calculer $K'_B = [log_2(\Lambda)]$

3. Les K'_B derniers bits du flux de basse priorité b sont convertis en une séquence de paires (n_t, q_t), $t = 1, \ldots, k_H$ en utilisant ce premier algorithme.

4. une fois la séquence $(n_t, q_t)_{1 \leq t \leq k_H}$ est déterminée, il ne reste que de sélectionner les mots de code correspondants dans la table des codes multiplexés.

5. Si $k'_B \leq k_B$, les premiers $(k_B - k'_B)$ bits de b seront concaténés à la séquence des mots de code multiplexés. Sinon, certains symboles de S_H ne seront pas multiplexés mais transmis en utilisant d'autres codes comme les codes à longueurs fixes ou les codes à longueurs variables.

2.4.3 Illustration

Soit $A = (a_1, a_2, a_3, a_4, a_5)$ l'alphabet de la source S_H de densité de probabilité $\mu = (\mu_1 = 0.4, \mu_2 = 0.2, \mu_3 = 0.2, \mu_4 = 0.1, \mu_5 = 0.1)$. Soit $c = 3 \geq log_2(5)$, la longueur des mots de code. Le code multiplexé associé à cette source est donné par le tableau 2.1.

Classe C_i	Mot code x	Symbol a_i	$|C_i|$	μ_i	q_i
	000				0
C_1	001	a_1	3	0.4	1
	010				2
C_2	011	a_2	2	0.2	0
	100				1
C_3	101	a_3	1	0.1	0
C_4	110	a_4	1	0.1	0
C_5	111	a_5	1	0.1	0

TABLE 2.1 – Exemple de code multiplexé

Soit $S_H = (a_1, a_4,, a_5, a_2, a_3, a_3, a_1, a_2)$, la séquence à coder par l'algorithme 1. Soit $b = 11010$, le flux binaire de basse priorité. D'après le tableau 2.1, nous pouvons calculer $\Lambda = \log_2(36) \approx 2^{5.17}$, d'où la valeur de γ :

$$\gamma = \sum_{r=1}^{5} b_r 2^{r-1} = 26 \tag{2.5}$$

L'application de l'algorithme 1 à cet exemple fournit les résultats suivants :

t	S_t	n_t	γ	q_t	Mot Code
1	a_1	3	26	2	010
2	a_4	1	8	0	110
3	a_5	1	8	0	111
4	a_2	2	8	0	011
5	a_3	1	4	0	101
6	a_3	1	4	0	101
7	a_1	3	4	1	001
8	a_2	2	1	1	100

TABLE 2.2 – Application du premier algorithme de codage

Remarque :

En raison de la complexité de l'algorithme 1, lié essentiellement à la Décomposition Euclidienne Récursive, un deuxième algorithme de codage moins complexe a été introduit et qui se base sur la décomposition hiérarchique de la variable γ.

2.5 Deuxième algorithme de codage

2.5.1 Contrainte de choix de la partition C

Dans ce deuxième algorithme, la trame binaire de basse priorité n'est plus considérée comme la représentation d'une variable unique γ, mais d'une séquence de variables élémentaires. Les variables $|C_i| - aires(1 \leq i \leq \Omega)$ sont décomposées en un ensemble de variables élémentaires tel que :

$$|C_i| = \prod_{j=1}^{\nu_i} f_j^{\alpha_{i,j}} \tag{2.6}$$

Où :

f_j est un facteur premier.

f_{ν_i} est le facteur premier le plus élevé dans la décomposition de $|C_i|$.

$\alpha_{i,j}$ est la fréquence de f_j dans la décomposition de $|C_i|$.

Remarque : Pour limiter la complexité de codage, la partition de l'ensemble des mots de code doit être telle que la décomposition en facteurs premiers des $(|C_i|)_{1 \leq i \leq \Omega}$ ne donne pas un facteur premier f_j supérieur à un nombre premier f_ν donné. Par exemple, pour $c = 4$ et $f_\nu = 5$, chaque $|C_i|$ doit être choisi dans l'ensemble $\{1, 2, 3, 4, 5, 6, 8, 9, 10, 12, 15, 16\}$.

Pour minimiser la longueur de description moyenne (mdl) $\hat{h}$ de la source S_H, on doit choisir un partitionnement C de l'ensemble de $|\chi|$ mots code de longueur fixe en classes d'équivalence C_i de cardinalité $|C_i|, i = 1, \ldots, \Omega$, tel que :

$$(|C_1|, \ldots, |C_i|, \ldots, |C_\Omega|) = argmin\left(-\sum_{i=1}^{\Omega} \mu_i log_2\left(\frac{|C_i|}{|\chi|}\right) \right) \qquad (2.7)$$
$$= argmin(\hat{h})$$

Pour avoir un rapport proche de la limite de l'entropie de la source S_H, la quantité $\frac{|C_i|}{|\chi|}$ doit être le plus proche possible de μ_i. Pour calculer efficacement l'ensemble des valeurs $|C_i|$, pour une densité de probabilité donnée (pdf), on utilise l'algorithme de détermination des $|C_i|$ suivant :

– Soit $\hat{\mu} = (\hat{\mu}_1, \ldots, \hat{\mu}_i, \ldots, \hat{\mu}_\Omega) = \left(\frac{|C_1|}{|\chi|}, \ldots, \frac{|C_i|}{|\chi|}, \ldots, \frac{|C_\Omega|}{|\chi|} \right)$ tel que :

$$\sum_{i=1}^{\Omega} |C_i| \leq |\chi| = 2^c$$

– Soit $\eta = \{\eta_1 = 1, \ldots, \eta_k, \eta_{k+1}, \ldots, \eta_{max} = |\chi|\}$ l'ensemble des valeurs possibles de $|C_i|$ (tout en respectant la contrainte f_ν).

– L'alphabet A est subdivisé en deux sous ensembles :

$$A_m = \left\{ a_i \in A / \mu_i \leq \frac{1}{|\chi|} \right\} \rightarrow Card(A_m) = \Omega_m$$

$$A_M = \left\{ a_i \in A / \mu_i \geq \frac{1}{|\chi|} \right\} \rightarrow Card(A_M) = \Omega_M$$

– Soit $\tilde{\mu}_i$: la pdf des symboles $a_i \in A_M$ tel que : $\tilde{\mu}_i = \frac{\mu_i}{\sum_{a_i \in A_M} \mu_i}$

1. Pour chaque symbole $a_i \in A_m \rightarrow |C_i| = 1$.

2. Pour chaque symbole $a_i \in A_M \rightarrow$ Calculer $\tilde{\mu}_i$

$$\rightarrow |C_i| \text{ est la plus grande valeur dans } \eta \leq \tilde{\mu}_i(|\chi| - \Omega_m)$$

3. Si $\sigma = |\chi| - \sum_{i=1}^{\Omega} |C_i| > 0$ alors il reste encore des mots de code à affecter $\rightarrow$ On peut augmenter certains $|C_i|$

4. Pour chaque $i = 1, \ldots, \Omega$

$\{$

Déterminer k_i / $\eta_{k_i} = |C_i|$

Calculer $\gamma_i = \frac{\mu_i \times log_2(\frac{\eta_{k_i+1}}{\eta_{k_i}})}{\eta_{k_i+1} - \eta_{k_i}}$

$\}$

5. Ranger les γ_i par ordre décroissant et les parcourir dans cet ordre

– Si $(\eta_{k_i+1} - \eta_{k_i}) > \sigma$

$\to$ Supprimer la paire $(a_i, |C_i|)$ et ne plus la considérer dans les prochaines itérations.

– Si $(\eta_{k_i+1} - \eta_{k_i}) \leq \sigma$

$$\to \begin{cases} |C_i| = \eta_{k_i+1} \\[4pt] \sigma = \sigma - \eta_{k_i+1} + \eta_{k_i} \\[4pt] \text{Si } \sigma = 0 \to \text{Sortir} \\[4pt] k_i = k_i + 1 \\[4pt] \text{Mettre à jour } \gamma_i = \dfrac{\mu_i \times log_2(\frac{\eta_{k_i+1}}{\eta_{k_i}})}{\eta_{k_i+1} - \eta_{k_i}} \\[6pt] \text{Aller à 5)} \end{cases}$$

2.5.2 Conversion du flux binaire basse priorité

Les segments consécutifs du flux binaire de basse priorité sont vus comme une représentation binaire d'entiers qui seront décomposés en un ensemble de $\upsilon_{T,1}$ variables binaires, $\upsilon_{T,2}$ variables 3-aires, ..., $\upsilon_{T,j}$ variables $f_j - aires$, ..., et $\upsilon_{T,\nu}$ variables $f_\nu - aires$.

Soit $\upsilon_{T,j}$, $1 \leq j \leq \nu$ le nombre de variables $f_j - aires$ produit par une transformation T. Le nombre de valeurs possibles pris par l'ensemble des variables $f_j - aires$ résultant de T, l'application de T à μ_T bits de b, est égal à :

$$\Lambda = \prod_{j=1}^{\nu} f_j^{\upsilon_{T,j}} \tag{2.8}$$

Cette valeur peut stocker théoriquement $log_2(\Lambda)$ bits.

2.5.3 Ensemble Optimal des transformations

Soit s_h la réalisation de S_H représentée par une séquence de variables η-aires. Chacune de ces variables est décomposée en un ensemble de variables f_j-aires, $1 \leq j \leq \nu$, où chacune est utilisée $\alpha_{i,j}$ fois.

$$\eta_t = \prod_{j=1}^{\nu} f_j^{\alpha_{i,j}} \tag{2.9}$$

Soit d_j le nombre total de variables f_j-aires utilisées dans la représentation de la séquence entière des variables η_t-aires.

Soit g_{T_z}, le nombre de transformations T_z, $z = 1, \ldots, z_{max}$, nécessaires pour convertir le flux binaire de basse priorité en des variables f_j-aires. Il y a plusieurs ensembles $g = (g_{T_1}, g_{T_2}, \ldots, g_{T_{z_{max}}})$. L'ensemble optimal est celui qui minimise la valeur totale de l'excès (total overhead) :

$$O = \sum_{z=1}^{z_{max}} g_{T_z} \mu_{T_z} o_{T_z} \tag{2.10}$$

Connaissant l'ensemble des transformations $(T_z)_{1 \leq z \leq z_{max}}$ et le vecteur $d = (d_1, \ldots, d_j, \ldots, d_\nu)$, on peut déterminer le vecteur g optimal minimisant la valeur O.

2.5.4 Procédure de codage

1. Fixer une valeur maximale f_ν. Calculer la partition C et donc l'ensemble des paramètres $|C_i|$, $i = 1, \ldots, \Omega$.

2. Déterminer pour chaque facteur premier f_j le nombre d_j de variables f_j-aires résultant de l'expansion de la séquence entière de variables η_t-aires associées à la réalisation s_h de S_H.

3. Connaissant le vecteur $d = (d_1, \ldots, d_j, \ldots, d_\nu)$ et l'ensemble de transformations $(T_1, \ldots, T_z, \ldots, T_{z_{max}})$, on détermine le vecteur $g = (g_{T_1}, g_{T_2}, \ldots, g_{T_{z_{max}}})$ optimal pour l'algorithme de calcul du nombre g_{T_z} nécessaire pour convertir la trame binaire de basse priorité.

4. Chaque transformation T_z est appliquée g_{T_z} fois sur des segments consécutifs de μ_{T_z} bits de la trame binaire de basse priorité b, engendrant la génération de séquences de variables f_j-aires.

5. La valeur q_t prise par la variable η_t-aire associée à la réalisation de b obtenue par projection des segments consécutifs de $\alpha_{i,j}$ variables f_j-aires sur la base formé par l'ensemble des variables f_j-aires.

6. Les paires résultantes (s_t, q_t) permettent la sélection, à partir de la table du code multiplexé, les mots de code à transmettre.

2.5.5 Illustration

On reprend l'exemple du paragraphe 2.4.3. On fixe $f_\nu = 5$ et $\nu = 3$. La partition de C est identique à celle du tableau 2.1, ainsi que la transformation de la séquence en variables n_t − aires (voir tableau 2.2).

Chaque valeur n_t est décomposée en $\alpha_{t,1}$ variables binaires, $\alpha_{t,2}$ variables 3-aires (Par exemple si $n_t = 3 = 2^0 . 3^1$ alors $\alpha_{t,1} = 0$, $\alpha_{t,2} = 1$). On détermine alors pour chaque n_t, les valeurs $\alpha_{t,1}$ et $\alpha_{t,2}$ correspondantes et par la suite le nombre total d_1 de variables binaires et d_2 de variables 3-aires (voir tableau 2.3).

t	1	2	3	4	5	6	7	8	d
s_t	a_1	a_4	a_5	a_2	a_3	a_3	a_1	a_2	
n_t	3	1	1	2	1	1	3	2	
$\alpha_{t,1}$	0	0	0	1	0	0	0	1	$d_1 = 2$
$\alpha_{t,1}$	1	0	0	0	0	0	1	0	$d_2 = 2$

TABLE 2.3 – Calcul du nombre de variables f_j-aires

Connaissant le vecteur (d_1, d_2), il nous reste de déterminer l'ensemble des transformations nécessaires pour la conversion du flux binaire basse priorité $b = 11010$. On calcule donc l'ensemble optimal $g = (g_{T_0}, \ldots, g_{T_{max}})$ minimisant l'excès total $O(2.10)$. Ceci nous donne $g_{T_0} = 2$ et $g_{T_{15}} = 1$, ce qui nous permet de calculer $K'_B = g_{T_0} . \mu_{T_0} + g_{T_{15}} . \mu_{T_{15}} = 2 + 3 = 5$ bits (voir tableau 2.4).

T_z	μ_{T_z}	$v_{T_z,1}$	$v_{T_z,1}$	$v_{T_z,1}$	o_{T_z}
T_0	1	1	0	0	0.0000
T_1	15	0	8	1	0.0001
T_2	21	0	3	7	0.0004
T_3	19	0	12	0	0.0010
T_4	25	0	7	6	0.0011
T_5	24	0	2	9	0.0028
T_6	14	0	3	4	0.0030
T_7	18	0	7	3	0.0034
T_8	27	0	1	11	0.0047
T_9	17	0	2	6	0.0060
T_{10}	30	0	0	13	0.0062
T_{11}	20	0	1	8	0.0080
T_{12}	11	0	7	0	0.0086
T_{13}	23	0	0	10	0.0095
T_{14}	6	0	1	2	0.0381
T_{15}	3	0	2	0	0.0566
T_{16}	2	0	0	1	0.1610
T_{17}	1	0	1	0	0.5850

TABLE 2.4 – Transformations utilisées pour $f_\nu = 5$

d_1	d_2	T_z	g_{T_0}	$g_{T_{15}}$	Bits transformés
2	2				
0	2	T_0	2		2
0	0	T_{15}	2	1	2+1=3

TABLE 2.5 – Transformations nécessaires pour la conversion du flux binaire

Enfin, on calcule la séquence d'états q_t(voir tableau 2.6).

t	1	2	3	4	5	6	7	8
s_t	a_1	a_4	a_5	a_2	a_3	a_3	a_1	a_2
Variables binaires			1					1
Variables 3-aires	0						2	
q_t	0	0	0	1	0	0	2	1
Mot Code	000	110	111	100	101	101	010	100

TABLE 2.6 – Construction de la séquence de mots de code

2.6   Evaluation des performances des codes multiplexés

L'évaluation des performances des codes multiplexés est effectuée en terme de compression et de robustesse. Pour cela, on considère une source gaussienne d'écart type $\sigma = 25$ générant $K_H = 256$ symboles appartenant à un alphabet de taille $\Omega = 256$. Ces symboles sont quantifiés par un quantificateur scalaire uniforme sur 7 bits. Ils seront par la suite transmis sur un canal binaire symétrique (CBS) bruité puis décodées comme le montre le schéma de la figure 2.1. On utilisera un code multiplexé de longueur 14 bits et de paramètres $Z_{max} = 18$, $f_\nu = 5$, $\nu = 3$. Le flux binaire de basse priorité b sera génèré à l'aide de variables aléatoires binaires (iid) de longueur $K_B = 4000$.

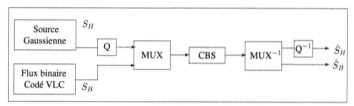

FIGURE 2.1 – Chaîne simulée pour l'évaluation des performances des codes multiplexés

Cette évaluation est effectuée en terme de variation du PSNR (Peak Signal to Noise Ratio)de la séquence décodée en fonction de la probabilité d'erreur canal P_e. Les performances sont comparées à celles d'un code à longueur fixe (FLC) et d'un code à longueur variable (code de Huffman) comme le montre la figure 2.2.

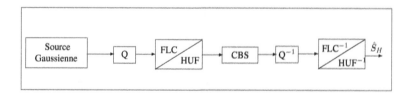

FIGURE 2.2 – Chaîne de référence utilisant un FLC ou un code de Huffman

Ces performances sont données par la Figure 2.3 qui comporte les courbes de PSNR $= f$(Pe) pour un système utilisant un codage à longueur fixe sur 8 bits, un codage de Huffman et un codage multiplexé sur 14 bits.

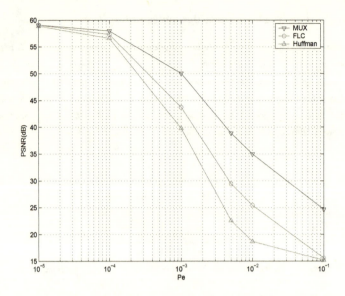

FIGURE 2.3 – Comparaison des performances des codes FLC, VLC et Multiplexés

On remarque déjà l'apport du codeur multiplexé en terme de robustesse par rapport au codeur à longueur variable (Figure 2.3) surtout pour les probabilités d'erreur assez élevées (On a un gain en PSNR de 10 dB pour $P_e = 10^{-3}$ et un gain de 16 dB pour $P_e = 10^{-2}$). Le codeur multiplexé est même plus robuste que le codeur à longueur fixe (Un gain en PSNR de 6 et 10 dB sont obtenus respectivement pour les probabilités d'erreur $P_e = 10^{-3}$ et $P_e = 10^{-2}$).

Les codes multiplexés ne sont pas seulement plus robustes que les autres codes entropiques mais aussi plus performants en terme de compression. En effet, le calcul de la longueur de description moyenne (mdl) nous donne les valeurs suivantes : 6.303 bits/symbole pour le code multiplexé, 6.351 bits/symbole pour le code de Huffman et 8 bits/symboles pour le code à longueur fixe, d'où l'apport en terme compression du codage multiplexé.

2.7   Conclusion

Dans ce chapitre, nous avons définit les codes multiplexés, le principe de construction de ces codes ainsi que les différents algorithmes de codage/décodage de ces codes.

Ensuite, nous avons évalué et comparé les performances de ces codes en terme de robustesse et de compression avec celles des codes à longueur fixe et le code de Huffman.

Enfin, nous avons montré que le codage multiplexé représente une solution attrayante au principal enjeu des codes entropiques à savoir la robustesse en transmission et la performance en terme de compression.

Chapitre 3

Décodage Conjoint Source Canal des Codes Multiplexés

3.1 Introduction

D'après le théorème de séparation de Shannon, l'optimisation d'un système de transmission passe par l'optimisation séparée du codeur source et du codeur canal. Cependant, cette optimisation n'est valable que pour des blocs de données de taille infiniment longue, ce qui se traduit en une complexité élevée des deux codeurs.

Durant les dernières décennies, Les recherches sont orientées vers l'idée d'optimiser conjointement le codage de source et de canal qui consiste à inclure les modules du codeur de source et du codeur de canal dans un même bloc de traitement afin de réduire la complexité de l'ensemble du système sans sacrifier les performances.

Dans ce chapitre, nous allons tout d'abord appliquer le décodage conjoint source-canal à une source gaussienne corrélée codée par un code multiplexé (source haute priorité). Pour cela nous allons utiliser dans un premier temps l'algorithme BCJR [11] (Bahle, Coke, Jelinek, Raviv) qui suppose la connaissance des statistiques de la source par le décodeur. Puis, nous appliquerons l'algorithme de Baum-Welch [10] pour estimer ces statistiques. Enfin, nous introduirons dans la chaîne de transmission un code correcteur d'erreurs (code convolutif récursif systématique : RSC) et nous procédons à un décodage itératif conjoint source-canal du code multiplexé et du code RSC.

3.2 Algorithme de Baum-Welch, algorithme BCJR

3.2.1 Principe

L'algorithme de Baum-Welch [10] est dérivé de l'algorithme EM (Expectation Maximisation) qui a pour objectif de maximiser (ou de minimiser) une probabilité de type $P(X|M)$ d'un modèle probabiliste tel que les chaînes de Markov cachés [2] (HMM).

$$\frac{\partial P(X|M)}{\partial \lambda} = 0$$

où λ est le vecteur de variables paramètres du modèle M.

La résolution de ce type d'équation nécessite généralement l'utilisation d'algorithmes itératifs comme l'algorithme EM qui permet d'estimer de manière assez précise et rapide la solution optimale de l'équation.

Dans ce contexte de communications numériques, si on considère un ensemble de séquences d'observations O et un modèle initial λ, l'algorithme de Baum-Welch se base sur l'estimation *a posteriori* de chaque bit constituant la séquence d'information en utilisant la corrélation existante dans cette séquence. Il entreprend une ré-estimation des paramètres du modèle de manière à augmenter la vraisemblance de génération de la séquence d'observation. La maximisation de la vraisemblance $P(O|\lambda)$ peut se voir comme l'optimisation du modèle λ sachant que l'on a observé la séquence O.

3.2.2 Les étapes de l'algorithme

On considère la transmission d'une séquence de symboles de longueur T sur un canal bruité sans mémoire. La séquence de données émise par la source est transformé en une séquence de bits. Cette séquence n'est pas directement observable à cause de la perturbation introduite par le canal, mais la séquence reçue représente les observations qui sont des fonctions probabilistes des états de la source. Cette situation peut être interprétée comme étant une chaîne de Markov caché d'ordre 1 dont les états sont les symboles de la source qui peuvent prendre uniquement K valeurs (K étant la taille de l'alphabet de la source).

Vue le caractère caché des états du modèle markovien et les différents paramètres du modèle qui sont eux aussi à estimer et à déterminer, l'algorithme de Baum-Welch s'avère très efficace dans l'estimation des paramètres d'un tel modèle.

Soit $I = \{i_0, i_1, \ldots, i_t, \ldots, i_{T-1}\}$ la séquence émise par la source, et $O = \{o_0, o_1, \ldots, o_t, \ldots, o_{T-1}\}$ la séquence d'observations reçue du canal. Soit le modèle de Markov défini par K,T,A,B et Π :

K = nombre d'états,

T = longueur de la séquence,

A = matrice de transition de la source : $a_{i,j} = P(I_t = j | I_{t-1} = i); 0 \leq i, j \leq K\text{-}1$,

B = matrice de transition du canal : $b_{i,j} = P(O_t = j | I_t = i); 0 \leq i, j \leq K\text{-}1$,

Π = distribution initiale de la source : $\Pi_i = P(I_0 = i); 0 \leq i \leq K\text{-}1$.

L'algorithme de Baum-Welch permet de déterminer à chaque instant le symbole le plus vraisemblable a posteriori, en calculant la probabilité que le symbole émis à l'instant t soit i sachant que la séquence reçue est $O = o$. Cette probabilité est notée $\gamma_t(i)$:

$$\gamma_t(i) = P[I_t = i | O = o]$$

Le calcul de cette probabilité est donné par l'algorithme "Forward-Backward" dont la démarche est explicitée dans ce qui suit.

L'algorithme "Forward"

Cet algorithme permet de fournir deux informations $P(O|\lambda)$ et $\alpha_t(i)$ où $\alpha_t(i)$ est la probabilité de la suite d'observations partielle $(o_0, o_1, \ldots, o_t, \ldots, o_t)$, se terminant à l'instant t à l'état i :

$$\alpha_t(i) = P[O_0 = o_0, O_1 = o_1, \ldots, O_t = o_t, I_t = i | \lambda] \tag{3.1}$$

et $P(O|\lambda)$ la probabilité d'apparition de la séquence observée O, avec le modèle λ :

$$P(O|\lambda) = \sum_{i=0}^{K-1} \alpha_{T-1}(i) \tag{3.2}$$

L'algorithme Forward peut se résumer ainsi :

$$\alpha_0(i) = \pi_i b_{i,o_0}; \quad 0 \leq i \leq K-1$$

$$\alpha_t(i) = \left(\sum_{k=0}^{K-1} \alpha_{t-1}(k) a_{k,i}\right) b_{i,o_t}; \quad 0 \leq i \leq K-1, \quad 1 \leq t \leq T-1 \tag{3.3}$$

avec π_i la probabilité d'avoir l'état i en premier, et b_{i,o_0} la probabilité d'observer o_0 lorsque l'état i est apparu.

Cet algorithme place dans un premier temps, dans la première ligne α_0 de la matrice α, la probabilité d'obtenir l'état caché i sachant que l'on a observé le symbole o_0. Ensuite, l'algorithme détermine la $t$ème ligne en se basant sur la $(t-1)$ème ligne de la matrice α. Ainsi, par recursivité, on obtient $\alpha_{t+1}(j)$ tel que $\alpha_{t+1}(j)$ est égale à la somme des probabilités d'avoir observer les t premiers symboles suivant tous les chemins des états cachés possibles, et de passer à l'état j, en observant le symbole o_{t+1} à l'instant $t+1$.

Notons que la somme des termes de la dernière ligne de la matrice α représente la probabilité $P(O|\lambda)$, puisque la chaîne est entièrement observé.

L'algorithme "Backward"

Cet algorithme délivre l'information $\beta_t(i)$, où $\beta_t(i)$ peut se voir comme la probabilité d'observer la suite partielle $(o_{t+1}, o_{t+2}, \ldots, o_t, \ldots, o_{T-1})$ qui commence à l'instant $t+1$ et se termine à l'instant t à l'état i :

$$\beta_t(i) = P[O_{t+1} = o_{t+1}, O_{t+2} = o_{t+2}, \ldots, O_{T-1} = o_{T-1}, I_t = i|\lambda] \tag{3.4}$$

L'algorithme Backward se déroule ainsi :

$$\beta_{T-1}(i) = 1; \quad 0 \leq i \leq k-1,$$

$$\beta_t(i) = \left(\sum_{k=0}^{K-1} \beta_{t+1}(k) a_{i,k}\right) b_{k,o_{t+1}}; \quad 0 \leq i \leq K-1, \quad 1 \leq t \leq T-2 \tag{3.5}$$

Contrairement à l'algorithme Forward, la dernière ligne de la matrice β, correspond à l'observation du premier symbole o_0, l'avant dernière ligne correspond à celle des deux premiers symboles $o_0 o_1$ et ainsi de suite jusqu'à la première ligne où toute la séquence est considérée. L'algorithme Backward est aussi recursive et peut fournir une estimation correcte de $P(O|\lambda)$:

$$P(O|\lambda) = \sum_{i=0}^{K-1} \beta_0(i) \tag{3.6}$$

Ainsi, à partir des variables $\alpha_t(i)$ et $\beta_t(i)$, nous pouvons déterminer la vraisemblance de la séquence $P_t(O|\lambda)$ d'observation O, pour le modèle λ à chaque instant t :

$$P_t(O|\lambda) = \sum_{i=0}^{K-1} \alpha_t(i)\beta_t(i) \tag{3.7}$$

Cas particulier : Algorithme BCJR

Cet algorithme est un cas particulier de l'algorithme Baum-Welch. En effet, il s'agit du cas où la matrice de transition du canal et la distribution initiale sont connues par le décodeur. Ainsi on peut calculer les coefficients $\gamma_t(i)$ de la matrice Γ qui représentent la probabilité *a posteriori* du symbole i à l'instant t :

$$\gamma_t(i) = \sum_{j=0}^{K-1} \frac{\alpha_t(i)\beta_t(i)}{P_t(O|\lambda)} \tag{3.8}$$

Une fois nous avons calculé toutes les probabilités *a posteriori* $\gamma_t(i)$ à la sortie de l'algorithme BCJR, nous pourrons déterminer, à chaque instant t, le symbole le plus vraisemblable $\hat{i}$ tel que :

$$\hat{i} = \operatorname{argmax}_i \gamma_t(i) \quad ; \quad 0 \leq i \leq K-1 \tag{3.9}$$

Estimation de la matrice de transition de la source

Puisque l'algorithme de Baum-Welch vise à maximiser la vraisemblance du modèle, il réalise son optimisation en ré-estimant les différents paramètres (A,B et Π), suivant la séquence observée.

L'estimation d'une telle matrice requière l'utilisation d'une procédure itérative. Pour cette fin, un nouveau paramètre $\psi_t(i,j)$ a été introduit, et qui représente la probabilité que la source soit dans l'état i à l'instant t et dans l'état j à l'instant $t+1$ conditionnellement à la séquence d'observation O et au modèle λ :

$$\psi_t(i,j) = P[I_t = i, I_{t+1} = j | O, \lambda] \tag{3.10}$$

Le calcul des coefficients de la matrice Ψ est facilement réalisé grâce aux deux matrices de paramètres α et β, obtenus depuis les algorithmes Forward et Backward.

$$\psi_t(i,j) = \frac{\alpha_t(i)a_{i,j}b_{j,o_{t+1}}\beta_{t+1}(i)}{P_t(O|\lambda)} \tag{3.11}$$

En faisant la somme sur t de Γ, le résultat est interprété comme étant le nombre de fois ou l'état i de la source est visité. De même, la sommation sur t des $\psi_t(i,j)$ représente le nombre de transitions de l'état i à l'état j. Ainsi, la matrice de transition de la source est réestimée comme suit :

$$a_{i,j} = \frac{\sum_{t=0}^{T-2} \psi_t(i,j)}{\sum_{t=0}^{T-2} \gamma_t(i)} \tag{3.12}$$

Une fois le paramètre A du modèle est réestimé, l'algorithme recalcule la vraisemblance du nouveau modèle. Ensuite, nous réitérons les différents opérations de réestimation avec le nouveau modèle obtenu (recalculer les valeurs de α et β) tant que la vraisemblance maximale n'est pas atteinte. Il s'avère donc impératif de partir d'une matrice initiale pour calculer et mettre à jour cette matrice par la suite.

La délicatesse de cet algorithme découle de l'initialisation de la matrice de transition de la source, car l'algorithme converge vers l'ensemble des extremums locaux de la vraisemblance des observations mais il n'y a aucune garantie de convergence vers les extremums globaux. Ainsi, selon les valeurs initiales, l'algorithme peut converger plus au moins rapidement ou même ne pas converger du tout. Il est également impossible de déterminer théoriquement le nombre d'itérations nécessaires pour la convergence.

Après avoir calculer toutes les probabilités *a posteriori* à la sortie de l'algorithme de Baum-Welch, il ne reste plus qu'à déterminer , à chaque instant t, la valeur maximisant $\gamma_t(i)$:

$$\hat{i} = \text{argmax}_i \, \gamma_t(i) \quad ; \quad 0 \leq i \leq K - 1 \tag{3.13}$$

3.3 Application du décodage conjoint source-canal aux codes multiplexés

3.3.1 Présentation de la chaîne de transmission simulée

Pour pouvoir mettre en évidence l'apport du décodage conjoint, on considère deux chaînes de transmission, la première va servir comme chaîne de référence (sans décodage conjoint) la deuxième est celle avec décodage conjoint source-canal en utilisant l'algorithme de BCJR.

Le diagramme de la chaîne de transmission avec décodage conjoint est représenté par la figure 3.1.

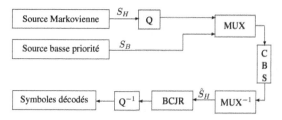

FIGURE 3.1 – Chaîne de transmission avec décodage conjoint source-canal

La source utilisée est markovienne d'ordre 1. L'utilisation de ce type de source est justifiée par les caractéristiques de ce modèle qui approche les sources réelles. en effet, la redondance résiduelle, que présente cette source, apporte une information supplémentaire qui peut être exploitée par le récepteur pour corriger certains erreurs dans le cas d'un décodage conjoint source-canal.

Les performances obtenues avec cette chaîne seront comparées à celles obtenues avec un même schéma de décodage, seulement que le codage utilisé sera à longueur fixe (FLC).

3.3.2 Paramètres de simulation sur un canal binaire symétrique

On considère une source gaussienne corrélée d'écart type $\sigma = 2$ et de facteur de corrélation $R_{HO} = 0.9$ générant $K_H = 200$ symboles dans à un alphabet de taille $\Omega = 16$. Ces symboles sont quantifiés par un quantificateur scalaire uniforme de pas 1 puis codé par un code multiplexé de longueur 6 bits. Le flux binaire de basse priorité b, de longueur $K_B = 2100$ bits, sera généré à l'aide de variables (*iid*).

Distribution initiale du modèle "Π"

On suppose que le récepteur connaît l'état initial i_0 du modèle :

$$\begin{cases} \Pi(i_0) = 1 \\ \Pi(i) = 0 \qquad \forall\, i \neq i_0, 0 \leq i \leq K-1 \end{cases} \tag{3.14}$$

Calcul de la matrice de transition du Canal "B"

Dans le cas d'un code multiplexé de longueur L bits, la probabilité de transition du canal [3] est donnée par :

$$P[J_t = j | I_t = i] = \frac{1}{N_i} \sum_{c_{i,q_i} \in C_i} \sum_{c_{j,q_j} \in C_j} (1 - P_e)^{L - d_h(c_{i,q_i}, c_{j,q_j})} P_e^{d_h(c_{i,q_i}, c_{j,q_j})} \tag{3.15}$$

Avec :

P_e : La probabilité d'erreur du canal.

N_i : Le cardinal de la classe d'équivalence C_i associé au symbole i.

c_{j,q_j} : Le mot de code de C_i d'indice q_i.

$d_h(c_{i,q_i}, c_{j,q_j})$: La distance de Hamming entre c_{i,q_i} et c_{j,q_j}

Calcul de la matrice de transition de la source "A"

Nous considérons dans notre évaluation deux cas ; le premier où nous supposons connaître les statistiques de la source et on utilisera à ce niveau l'algorithme BCJR. Quant au deuxième cas nous utiliserons l'algorithme itératif de Baum Welch pour estimer la matrice de transition de la source puisque nous supposons ignorer les statistiques de celle-ci.

Nous présentons dans ce qui suit les performances d'un décodage conjoint résultant de l'application de l'algorithme BCJR (connaissance parfaite des statistiques de la source) et l'algorithme de Baum Welch (estimation des probabilités de la source haute priorité) à la source Markovienne d'ordre 1.

3.3.3   Evaluation des performances de l'algorithme BCJR

La figure 3.2 représente les performances en terme de PSNR correspondant à un décodage conjoint source-canal de S_H par l'algorithme BCJR en supposant une connaissance parfaite, par le décodeur, des statistiques de la source.

Nous avons reproduit sur la même figure, les mêmes résultats obtenus dans le cas où la source S_H est codée par un FLC au lieu du code multiplexé.

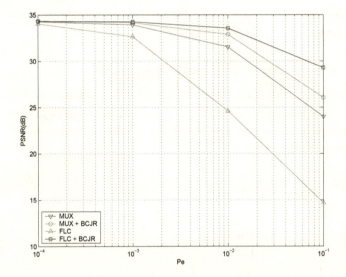

FIGURE 3.2 – Evaluation des performances de l'algorithme BCJR

Nous remarquons que l'introduction du décodage conjoint source canal, en appliquant l'algorithme BCJR, permet d'améliorer les performances des codes multiplexés. En effet, un gain en $PSNR$ d'environ $2dB$ est observé par le décodage conjoint pour $P_e = 10^{-2}$ et $P_e = 10^{-1}$.

On constate également, que le gain apporté est plus important dans le cas du codage à longueur fixe (de l'ordre de 9 dB pour $P_e = 10^{-2}$ et de 15 dB pour $P_e = 10^{-1}$) que dans celui du codage multiplexé. Ceci s'explique par le fait que le codage multiplexé utilise déjà les statistiques de la source contrairement au codage à longueur fixe qui n'en tient pas compte. Ainsi, la quantité d'information apportée par l'algorithme BCJR dans le cas d'un codage multiplexé reste toujours moins importante que celle apportée dans le cas d'un codage à longueur fixe.

3.3.4 Evaluation des performances de l'algorithme de Baum-Welch

La figure 3.3 représente les performances de l'algorithme Baum Welch en terme de PSNR en fonction de la probabilité d'erreur binaire (P_e).

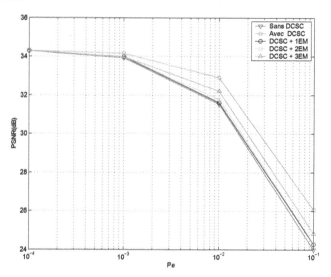

FIGURE 3.3 – Evaluation des performances de l'algorithme de Baum-Welch

D'après la figure 3.3, nous remarquons que l'application de l'algorithme de Baum-Welch aux codes multiplexés n'a pas pu, au fil des itérations, apporter une amélioration significative des performances de ces codes. En effet, les performances obtenues ne peuvent pas atteindre celles observées pour le système de décodage conjoint avec connaissance parfaite des statistiques de la source. Ceci peut être expliqué par l'incapacité de l'algorithme d'améliorer les estimations de la probabilité de transition de la source à partir des observations très bruitées obtenues à la sortie du canal de transmission.

3.4 Décodage conjoint source-canal en présence de codage de canal

3.4.1 Présentation de la chaîne de référence

Vu l'apport du codage canal dans la correction et la protection contre les erreurs de transmission, nous avons introduit un code correcteur d'erreurs (Code Convolutif Récursif Systématique ou RSC) dans la chaîne de transmission. La figure 3.4 représente le diagramme en blocs de la chaîne de référence considérée.

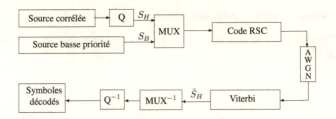

FIGURE 3.4 – Chaîne de référence avec codage de canal

La source gaussienne corrélée produit une séquence de longueur $K_H = 200$ symboles selon une loi gaussienne de moyenne nulle, de variance σ égale à 1 et de facteur de corrélation égal à 0.9. Chaque symbole subit une quantification scalaire uniforme, un codage multiplexé, et un codage convolutif C(2,1,4). Le flux binaire résultant est transmis par un canal à bruit blanc additif gaussien (AWGN).

Le décodage du code convolutif est réalisé à l'aide de l'algorithme de Viterbi. La séquence binaire résultante subit les transformations inverses du codage de source, ce qui permet d'obtenir les symboles décodés.

3.4.2 Schéma de décodage conjoint source-canal

Afin d'améliorer les performances de l'algorithme de BCJR et augmenter, par conséquent, le gain apporté par le décodage conjoint source canal, nous avons procédé à un décodage itératif conjoint source canal basé sur le principe des turbo-codes. Le schéma de décodage conjoint est représenté par la figure 3.5.

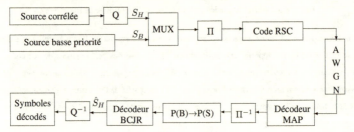

FIGURE 3.5 – Chaîne de décodage Conjoint source-canal

Le décodage de canal est effectué à l'aide de l'algorithme (MAP) qui fonctionne en horloge bit. Cependant, l'algorithme BCJR appliqué pour le décodage de source fonctionne en horloge symbole. Nous avons donc besoin de blocs de conversion, permettant de calculer les probabilités des symboles à partir de celles des bits et vice-versa.

Un entrelaceur est intercalé entre le codeur de source et le codeur de canal. La source, le codeur de source et le codeur de canal utilisés sont identiques à ceux de la chaîne de référence (figure 3.4).

On note $I = (i_0, \dots, i_t, \dots, i_{T-1})$ la séquence émise par la source (après quantification). Cette séquence est codée en une séquence binaire $B = (B_0, \dots, B_t, \dots, B_{T-1})$ avec $B_t = (b_{t,1}, \dots, b_{t,L})$ où L est la longueur d'un mot de code binaire. Cette séquence est entrelacée par un entrelaceur Π, codée puis transmise à travers le canal gaussien. La séquence reçue $Y = (Y_0, \dots, Y_t, \dots, Y_{T-1})$ avec $Y_t = (y_{t,1}, \dots, y_{t,L})$, constitue l'entrée du décodeur itératif.

L'information *a priori* L_a à la sortie du désentrelaceur nous apporte de l'information sur les bits. On peut donc calculer la probabilité des bits, mais on sait que l'algorithme de Baum-Welch utilise des probabilités sur les symboles pour estimer le symbole le plus vraisemblable. Nous avons donc besoin du bloc de conversion P(B)→P(S), permettant de calculer les probabilités des symboles à partir de celles des bits .

Ainsi, si on désigne par $P_A(b_{t,l} = c)$, où $c \in \{0, 1\}$, la probabilité à l'entrée du bloc P(B)→P(S) et par $P_M(I_t = c_{i,q_i}|Y_t)$ la probabilité d'un mot de code c_{i,q_i}, contenu dans la classe d'équivalence C_i associée au symbole i_t, alors la probabilité du symbole i_t est donné par :

$$P(I_t = i_t|Y_t) = \sum_{c_{i,q_i} \in C_i} P_M(I_t = c_{i,q_i}|Y_t) \tag{3.16}$$

$$P_M(I_t = c_{i,q_i}|Y_t) = \prod_{l=1}^{L} P_A(b_{t,l} = map_l(c_{i,q_i})) \tag{3.17}$$

Où :

- Y_t est l'observation reçue à l'instant t.

- I_t est le symbole émis à l'instant t.

- $P_A(b_{t,l} = map_l(c_{i,q_i}))$ est la probabilité d'avoir le bit $b_{t,l}$ (0ou1) à l'instant t et à la position l, $map_l(c_{i,q_i})$ étant le bit de position l du mot de code représentant c_{i,q_i}.

Cette probabilité P_A est calculée à partir des valeurs de l'information à priori L_a :

$$P_A(b_{t,l} = 1) + P_A(b_{t,l} = 0) = 1$$

$$L_a(b_{t,l}) = \ln(\tfrac{P_A(b_{t,l}=1)}{P_A(b_{t,l}=0)}) \tag{3.18}$$

Une fois, nous avons obtenu les probabilités des symboles, nous pouvons appliquer l'algorithme BCJR. Nous nous restreindrons dans cette évaluation au cas où le décodeur connaît parfaitement les statistiques de la source.

3.4.3 Evaluation des performances sur un canal gaussien

Pour pouvoir évaluer les performances de ce schéma de décodage, nous avons tracé l'évolution du PSNR de S_H (figure 3.6) en fonction du rapport signal à bruit du canal.

Notons que le code convolutif récursif systématique (RSC) utilisé est de polynômes générateurs (37,21) et de rendement $\frac{1}{2}$. Le décodage canal est effectué à l'aide de l'algorithme MAP. Les résultats obtenus sont comparés à ceux obtenus avec un schéma de décodage tandem(Viterbi).

Les figures de $PSNR = f(\frac{E_b}{N_0})$ représentent les courbes de :

- Chaîne sans CC : chaîne de transmission sans codage canal.

- Chaîne avec CC : chaîne de transmission avec codage canal classique (Viterbi).

- Chaîne avec CC + BCJR : chaîne de transmission avec décodage conjoint utilisant l'algorithme BCJR avec connaissance parfaite des statistiques de la source.

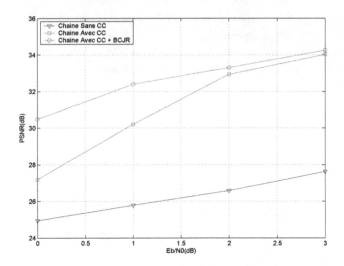

FIGURE 3.6 – Performances du DCSC en présence de codage de canal

Nous remarquons que l'application du codage canal aux codes multiplexés permet d'obtenir un gain considérable en terme de PSNR de S_H (un gain d'environ 4 dB pour $\frac{E_b}{N_0} = 1$ dB). L'introduction de la technique de décodage conjoint source-canal vient renforcer cet apport et conduit à une nette amélioration des performances. Ceci est évident du fait que les turbo codes offrent une bonne protection contre les perturbations canal et permettent une meilleure correction des erreurs de transmission.

3.5   Conclusion

Dans ce chapitre nous avons appliqué un codage multiplexé à une source gaussienne corrélée pour exploiter sa redondance résiduelle et introduire les techniques de décodage conjoint source-canal. Ce dernier a été mis en œuvre à l'aide de l'algorithme BCJR qui utilise les statistiques de la source pour déterminer le symbole le plus vraisemblable, et à l'aide de l'algorithme de Baum-Welch qui permet, grâce à son processus itératif, de déterminer les symboles décodés et d'estimer les probabilités de transition de la source. Contrairement au BCJR, qui a amélioré considérablement les performances de décodage et de correction des erreurs de transmission, l'algorithme de Baum-Welch n'a pas pu apporter un gain significatif qui pourrait améliorer ces performances.

La dernière partie de ce chapitre a été consacré au décodage et au décodage conjoint source-canal des codes multiplexés en présence d'un codage canal (code RSC). Nous avons pu constaté que l'introduction d'un code correcteur d'erreurs dans la chaîne de transmission et l'application de la technique de décodage conjoint conduit à une nette amélioration des performances des codes multiplexés.

Chapitre 4

Application à un système de transmission d'images

4.1 Introduction

Contrairement aux chapitres précédents qui se sont intéressés à l'évaluation des performances des codes multiplexés appliqués à une source fictive qui est la source gaussienne, le présent chapitre traite le cas d'une source réelle en considérant tout un système de transmission d'images fixes. Nous mettrons en évidence l'apport des codes multiplexés, en terme de compression et de robustesse, appliqués à un tel système.

Nous évaluerons également le gain apporté par un décodage conjoint source canal de ces codes. Le codeur d'images que nous allons considérer utilise une décomposition en ondelettes discrète [9](Discrete Wavelet Transform ou DWT). Pour cela, nous allons commencer par introduire le principe de cette décomposition.

4.2 Principe d'ondelettes et analyse multirésolution

La transformée en ondelettes n'a été introduite qu'au début des années 1980 par Jean Morlet. Cette transformée repose sur le principe d'analyse multirésolution [9] développée par Stéphane Mallat, qui conduit à un algorithme récursif de décomposition d'un signal f donné. Comme son nom l'indique, cet algorithme permet de déterminer à partir d'une approximation à une échelle donnée, l'approximation à la résolution immédiatement inférieure, ainsi que les détails correspondants. Par itérations successives, on parvient ainsi à analyser le signal pour toutes les résolutions inférieures à celle de départ. Les hautes résolutions et les basses résolutions représentent respectivement les hautes fréquences et les basses fréquences.

L'avantage de la représentation multirésolution réside dans la dualité contenu-fréquence, du fait que cette analyse permet de représenter conjointement le signal dans son espace réel et dans son domaine fréquentiel. Ainsi, les propriétés topologiques d'une image sont conservées après la transformation. Le codeur, basé sur ce type de transformation, est beaucoup plus efficace puisqu'il prend en compte la redondance spatiale et fréquentielle de l'image.

L'étape de décomposition de l'image en sous bandes est appelée analyse [9], elle s'effectue à l'aide d'un filtrage suivi d'un sous-échantillonnage de rapport 2 (figure 4.1).

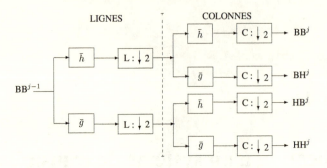

FIGURE 4.1 – Algorithme d'analyse ou de décomposition

L'étape de reconstruction de l'image appelée aussi synthèse [9], est réalisée par un sur-échantillonnage de rapport 2 suivi d'un filtrage (figure 4.2).

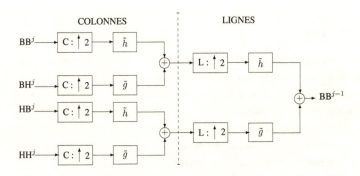

FIGURE 4.2 – Algorithme de synthèse ou de reconstitution

Il est à signaler que le filtrage, en phase d'analyse ou de synthèse, requière deux filtres à réponse impulsionnelle finie l'un est passe-haut (g) l'autre est passe-bas (h) [8].

B1	B2	B5
B3	B4	
B6		B7

La figure ci-dessus présente la décomposition en sous bandes de l'image sur deux niveaux en utilisant la transformée en ondelettes discrète de telle sorte que la bande B1 représente la bande des plus basses fréquences (BBF) qui porte l'information la plus pertinente de l'image, qu'on veut protéger le mieux possible contre les erreurs de transmission et pour laquelle on va utiliser les codes multiplexés et les techniques de décodage conjoint. Les sous-bandes de résolutions supérieures (des plus hautes fréquences (BHF)) constituent les détails de l'image.

4.3 Application des codes multiplexés à la compression d'images

Nous nous sommes intéressés dans cette partie à l'évaluation des performances des codes multiplexés appliqués à un système de transmission d'images fixes. Le codeur d'image considéré utilise une transformation en ondelettes discrète de deux niveaux de décomposition par les filtres 9-7 [8]. Il en résulte une sous-bande des plus basses fréquences (BBF) et un ensemble de sous-bandes des plus hautes fréquences (BHF).

Nous avons utilisé pour toutes nos simulations l'image Lenna 512x512 pixels comme image source.

FIGURE 4.3 – Image Lenna originale

4.3.1 Présentation de la chaîne de compression d'images

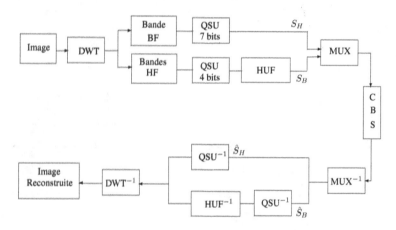

FIGURE 4.4 – Chaîne utilisée pour la transmission d'images

Codage des coefficients de la sous-bande des plus basses fréquences

Les coefficients de la sous-bande des basses fréquences sont quantifiés par un Quantificateur Scalaire Uniforme (QSU) sur 7 bits chacun. Les coefficients résultants constituent la séquence haute priorité de longueur $K_H = 16384$ (128x128) qui prend ses valeurs dans un alphabet de taille $\Omega = 256$ symboles. Cette séquence sera codée par un codeur multiplexé (MUX) de paramètres $c = 16$ et $f_\nu = 5$.

Codage des coefficients des sous-bandes des plus hautes fréquences

Les coefficients des sous-bandes des hautes fréquences sont quantifiés par un Quantificateur Scalaire Uniforme (QSU) sur 4 bits puis codés à l'aide de l'algorithme de Huffman. La trame binaire résultante constitue la séquence basse priorité qui sera multiplexé avec les coefficients basses fréquences à l'entré du codeur multiplexé.

Critère de performances

L'évaluation des performances est effectuée en comparant le PSNR de la sous-bande des basses fréquences (BBF) de l'image source et l'image reconstruite. Les résultats obtenues sont comparées à ceux obtenues dans le cas où un FLC ou un code de Huffman est utilisé à la place du code multiplexé.

4.3.2   Résultats de simulation sur un canal binaire symétrique

La figure 4.5 montrent les résultats obtenus pour chaque type de codage.

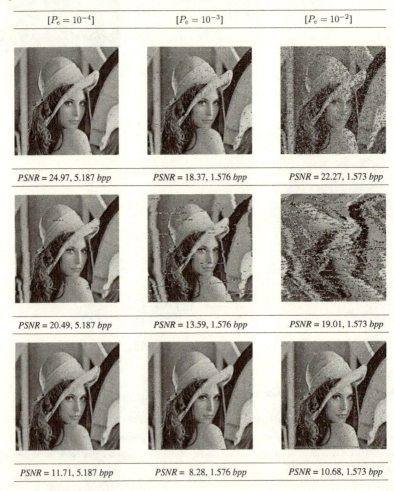

$[P_e = 10^{-4}]$	$[P_e = 10^{-3}]$	$[P_e = 10^{-2}]$
PSNR = 24.97, 5.187 *bpp*	*PSNR* = 18.37, 1.576 *bpp*	*PSNR* = 22.27, 1.573 *bpp*
PSNR = 20.49, 5.187 *bpp*	*PSNR* = 13.59, 1.576 *bpp*	*PSNR* = 19.01, 1.573 *bpp*
PSNR = 11.71, 5.187 *bpp*	*PSNR* = 8.28, 1.576 *bpp*	*PSNR* = 10.68, 1.573 *bpp*

FIGURE 4.5 – PSNR et qualité visuelle de l'image décodée correspondant à un codage FLC (images en haut), Huffman (images au milieu) et Multiplexé (images en bas)

Les images de la figure 4.5 montrent nettement que les codes multiplexés sont beaucoup plus robustes que les codes de Huffman surtout sur un canal fortement perturbé. Ils sont même plus robustes qu'un FLC. En effet, ces codes permettent de fournir une image de qualité visuelle acceptable même pour des probabilités d'erreur assez élevées ($P_e = 10^{-2}$).

Le gain en performances de ces codes ne se restreint pas à la robustesse, il s'étend aussi à la compression. Ceci se déduit à partir des valeurs du débit binaire obtenu, qui est de 1,573 *bpp* pour le code multiplexé, 1,576 *bpp* pour le code de Huffman et de 5,187 *bpp* pour le code à longueur fixe. Le tableau 4.1 donne les valeurs du PSNR moyen de la BBF obtenues avec le codage à longueur fixe, le codage de Huffman et le codage multiplexé :

P_e	10^{-4}	5.10^{-4}	10^{-3}	5.10^{-3}	10^{-2}
PSNR$_{MUX}$ (dB)	47.60	40.06	36.59	29.46	26.64
PSNR$_{FLC}$ (dB)	40.25	31.77	28.97	21.83	18.76
PSNR$_{HUF}$ (dB)	19.43	14.29	13.30	10.59	9.99

TABLE 4.1 – PSNR de la BBF obtenu avec codage FLC, Huffman et Multiplexé

La figure 4.6 représente les variations de *PSNR* de la sous-bande des plus basses fréquences obtenues pour le code multiplexé, le code de Huffman et le code à longueur fixe.

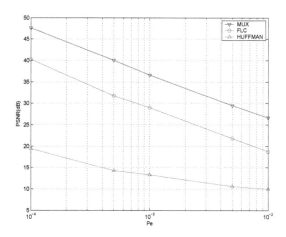

FIGURE 4.6 – PSNR de la BBF de l'image Lenna transmise sur un CBS

La comparaison de la courbe $PSNR = f(P_e)$ obtenue par codage multiplexé avec celles obtenues pour les autres types de codage (FLC et Huffman), montre qu'un gain significatif en terme de *PSNR* de la BBF est obtenu en utilisant le code multiplexé(Par rapport au code à longueur fixe, on a un gain de l'ordre de 8 dB, par rapport au code de Huffman on a un gain de 23 dB pour $P_e = 10^{-3}$ et de 16 dB pour $P_e = 10^{-2}$).

Ce gain, obtenu avec un système de compression de données réel (cas d'images fixes), confirme les résultats obtenus dans le chapitre 2 avec la source gaussienne et montre, une fois de plus, la robustesse de ces codes face aux perturbations du canal.

4.4 Application du décodage conjoint au système de compression d'images

4.4.1 Chaîne de transmission d'images simulée

Nous considérons dans cette partie un code multiplexé de paramètres $c = 10$, $f_\nu = 5$ et $\nu = 3$. L'introduction de la technique de décodage conjoint au système de transmission d'images considéré s'effectue à l'aide de l'algorithme BCJR qui est appliqué à la source haute priorité qui n'est autre que la sous-bande des plus basses fréquences comme l'illustre la figure 4.7 :

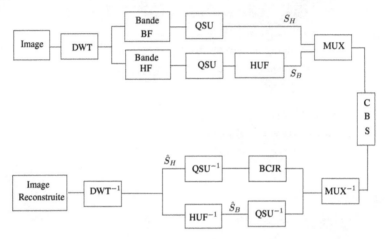

FIGURE 4.7 – Système de transmission d'images avec Décodage Conjoint source-canal

4.4.2 Résultats de simulation sur un canal binaire symétrique

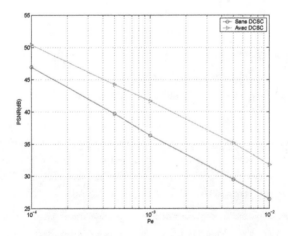

FIGURE 4.8 – PSNR de la BBF avec et sans Décodage Conjoint

Le tableau 4.2 donne les valeurs du PSNR moyen de la BBF obtenues avec et sans décodage conjoint :

	P_e	10^{-4}	5.10^{-4}	10^{-3}	5.10^{-3}	10^{-2}
Sans DCSC	PSNR$_{BBF}$ (dB)	46.97	39.70	36.33	29.50	26.47
Avec DCSC	PSNR$_{BBF}$ (dB)	50.43	44.22	41.68	35.16	31.78

TABLE 4.2 – PSNR de la BBF Avec et Sans Décodage Conjoint

Nous pouvons constater que l'application du décodage conjoint apporte un gain significatif par rapport à un schéma de décodage tandem. Ce gain est de l'ordre de 5 dB et il s'est manifesté même sur un canal peu perturbé (3.5 dB pour $P_e = 10^{-4}$). Ceci, nous a permis d'observer une nette amélioration de l'image décodée (figure 4.9) vu l'efficacité du décodage conjoint appliqué à la bande des basses fréquences qui représente l'information la plus pertinente de l'image.

(a) PSNR = 36.33 dB   (b) PSNR = 41.68 dB

FIGURE 4.9 – Image Lenna Sans (a) et Avec (b) Décodage Conjoint à $P_e = 10^{-3}$

4.5 Conclusion

Dans ce chapitre nous avons pu concrétisé, sur un système de compression de données réel, les résultats obtenues dans les chapitres précédents pour une source artificielle gaussienne. Nous avons pu constater ce que peut apporter l'application des codes multiplexés à un système de transmission d'images en terme de robustesse ainsi que de compression.

Les simulations ont révélé un gain significatif en performances par rapport à un codage de Huffman et une nette amélioration de la qualité de l'image décodée. Cette amélioration est devenue plus importante en introduisant la technique de décodage conjoint source canal utilisant l'algorithme BCJR pour le décodage des coefficients de la sous-bande des plus basses fréquences.

Conclusion Générale

Dans ce livre, nous avons présenté, étudié et évalué les performances d'une nouvelle famille de codes entropiques appelés *codes multiplexés*. Pour cela, nous avons considéré, tout d'abord, une source gaussienne sans mémoire à laquelle nous avons appliqué le codage multiplexé. Les performances obtenues sont comparées avec celles d'un codage à longueur fixe et d'un codage de Huffman. Ceci, nous a permis de mettre en évidence l'apport de ces codes en terme de robustesse, de compression et de leur aptitude à remédier au problème de désynchronisation des codes à longueur variable.

Ensuite, nous avons considéré une source gaussienne corrélée codée par un code multiplexé à laquelle nous avons appliqué les techniques de *décodage conjoint source-canal*. Dans notre évaluation nous avons considéré deux cas : dans le premier cas nous avons supposer connaître les statistiques de la source pour cela le décodage est effectué par l'algorithme BCJR. Dans le deuxième, nous avons utilisé l'algorithme de Baum-Welch puisque nous avons supposé que le décodeur ignore les probabilités de transition de la source et seront ainsi estimées par cet algorithme à la fin du processus de décodage. L'application de l'algorithme BCJR aux codes multiplexés a permis d'obtenir un gain significatif en performances par rapport à un système de décodage tandem. Cependant, les améliorations apportées par l'algorithme de Baum-Welch étaient beaucoup moins importantes surtout sur un canal fortement perturbé.

Afin d'améliorer les performances obtenues avec l'algorithme BCJR, nous avons introduit un codeur de canal de type convolutif dans la chaîne de transmission et nous avons appliqué un décodage conjoint itératif du code multiplexé et du code convolutif basé sur le principe des turbo-codes. Ce procédé a permis de mettre en évidence l'apport du décodage conjoint source-canal qui s'ajoute à la contribution du codage de canal dans la correction et la protection contre les erreurs de transmission.

Nous avons ensuite appliqué les codes multiplexés à un système de transmission d'images fixes. Le codeur d'images considéré commence par transformer l'image source en utilisant une décomposition en ondelettes discrète(DWT) qui permet de concentrer l'information la plus importante de l'image dans la sous-bande des basses fréquences et les détails dans les sous-bandes des hautes fréquences. Un codage multiplexé est ensuite appliqué à la sous-bande des basses fréquences (BBF), considérée comme source haute priorité, puisqu'elle porte l'information la plus pertinente de l'image. Les sous-bandes des hautes fréquences sont codées par un codeur de Huffman puis par le codeur multiplexé comme étant la source basse priorité.

Nous avons comparé ce schéma de codage à un schéma analogue mais en utilisant un code à longueur fixe et un code de Huffman à la place du code multiplexé. Cette comparaison nous a permis de confirmer la performance en compression des codes multiplexés appliqués à un système de transmission d'images ainsi que leur robustesse aux erreurs de transmission.

Enfin, nous avons appliqué un décodage conjoint source-canal à la chaîne de transmission d'images à l'aide de l'algorithme BCJR, et nous avons alors remarqué que cet algorithme permet d'améliorer nettement la qualité de l'image décodée.

Bibliographie

[1] Hervé Jégou et Christine Guillemot, «*Robust Multiplexed Codes for Compression of Heterogeneous Data*», *IEEE Trans on Information Theory*, Avril 2005.

[2] Hervé Jégou, «*Codes robustes et codes joints source-canal pour transmission multimédia sur canaux mobiles*», thèse de doctorat IFSIC - Université de Rennes I, Laboratoire IRISA, Novembre 2005.

[3] Samar Changuel, «*Etude des codes multiplexés : Application du décodage conjoint source canal*», rapport de PFE ENST Bretagne, Juin 2003.

[4] Haïfa Belhadj, «*décodage itératif source canal avec estimation des statistiques de la source : Application à un système de transmission d'images*», rapport de mastère ENIT, Laboratoire SysCom, Juin 2006.

[5] Sonia Zaïbi, «*Optimisation conjointe du codage-décodage source-canal pour la transmission d'images*», Thèse de doctorat, ENST Bretagne, Février 2004.

[6] G. Kabatiansky, E. Krouk, S. Semenov, «*Error Correcting Coding and Security for Data Networks*», WILEY 2005.

[7] C.Berrou, A.Glavieux, «*Near Optimum Error Correcting Coding and Decoding*», IEEE Trans, 1996.

[8] A. Cohen, I. Daubechies, and J. C. Feauveau, «*Biorthogonal bases of compactly supported wavelets*», Comm. Pure Appl. Math., vol. 45, no.5, pp. 485–560, 1992.

[9] S. Mallat, «*A theory for multiresolution signal decomposition : The wavelet decomposition*», IEEE Trans. Pattern Anal. Machine Intell., vol. 11, pp. 674–693, July 1989.

[10] Florian Agen, Julien Michot, Projet de mathématique : «*chaîne de Markov cachées algorithme de Baum-Welch*», Ecole polytech. Universié de Tours, 2004.

[11] L.R.Bahl, J.Cocke, F.Jelinek, J.Raviv, «*Optimal Decoding of Linear Codes for Minimizing Symbol Error Rate*», IEEE Trans, Mars 1974.

[12] C. Shannon. «*A mathematical theory of communication*». The Bell System Technical Journal, 27 :379–423, 623–656, Juillet, Octobre 1948.

www.ingramcontent.com/pod-product-compliance
Lightning Source LLC
LaVergne TN
LVHW042351060326
832902LV00006B/526